Le Tartuffe

ŒUVRES PRINCIPALES

Dom Juan, Librio n° 14
Les Fourberies de Scapin, Librio n° 181
Le Bourgeois gentilhomme, Librio n° 235
L'École des femmes, Librio n° 277
L'Avare, Librio n° 339
Le Malade imaginaire, Librio n° 536
Les Femmes savantes, Librio n° 585
Le Médecin malgré lui, Librio n° 598
Le Misanthrope, Librio n° 647
Les Précieuses ridicules, Librio n° 776
Georges Dandin, Librio n° 1071
Le Médecin volant, Librio n° 1106

Molière

Le Tartuffe
ou
L'imposteur

Librio

PERSONNAGES

MADAME PERNELLE, mère d'Orgon.
ORGON, mari d'Elmire.
ELMIRE, femme d'Orgon.
DAMIS, fils d'Orgon.
MARIANE, fille d'Orgon et amante de Valère.
VALÈRE, amant de Mariane.
CLÉANTE, beau-frère d'Orgon.
TARTUFFE, faux dévot.
DORINE, suivante de Mariane.
MONSIEUR LOYAL, sergent.
UN EXEMPT.
FLIPOTE, servante de Madame Pernelle.

La scène est à Paris.

ACTE PREMIER

Scène première

MADAME PERNELLE et FLIPOTE sa servante, ELMIRE,
DORINE, DAMIS, MARIANE, CLÉANTE

MADAME PERNELLE

Allons, Flipote, allons ; que d'eux je me délivre.

ELMIRE

Vous marchez d'un tel pas qu'on a peine à vous suivre.

MADAME PERNELLE

Laissez, ma bru, laissez ; ne venez pas plus loin :
Ce sont toutes façons dont je n'ai pas besoin.

ELMIRE

De ce que l'on vous doit envers vous on s'acquitte.
Mais, ma mère, d'où vient que vous sortez si vite ?

MADAME PERNELLE

C'est que je ne puis voir tout ce ménage-ci,
Et que de me complaire on ne prend nul souci.
Oui, je sors de chez vous fort mal édifiée ;
Dans toutes mes leçons j'y suis contrariée,
On n'y respecte rien ; chacun y parle haut,
Et c'est tout justement la cour du roi Pétaud.

DORINE

Si...

MADAME PERNELLE

Vous êtes, mamie, une fille suivante
Un peu trop forte en gueule, et fort impertinente :

Vous vous mêlez sur tout de dire votre avis.

DAMIS

Mais…

MADAME PERNELLE

Vous êtes un sot en trois lettres, mon fils;
C'est moi qui vous le dis, qui suis votre grand-mère;
Et j'ai prédit cent fois à mon fils, votre père,
Que vous preniez tout l'air d'un méchant garnement,
Et ne lui donneriez jamais que du tourment.

MARIANE

Je crois…

MADAME PERNELLE

Mon Dieu, sa sœur, vous faites la discrète,
Et vous n'y touchez pas, tant vous semblez doucette;
Mais il n'est, comme on dit, pire eau que l'eau qui dort,
Et vous menez sous chape un train que je hais fort.

ELMIRE

Mais, ma mère…

MADAME PERNELLE

Ma bru, qu'il ne vous en déplaise,
Votre conduite en tout est tout à fait mauvaise;
Vous devriez leur mettre un bon exemple aux yeux,
Et leur défunte mère en usait beaucoup mieux.
Vous êtes dépensière, et cet état me blesse,
Que vous alliez vêtue ainsi qu'une princesse.
Quiconque à son mari veut plaire seulement,
Ma bru, n'a pas besoin de tant d'ajustement.

CLÉANTE

Mais, Madame, après tout…

MADAME PERNELLE

Pour vous, Monsieur son frère,
Je vous estime fort, vous aime, et vous révère;
Mais enfin, si j'étais de mon fils, son époux,
Je vous prierais bien fort de n'entrer point chez nous.

Sans cesse vous prêchez des maximes de vivre
Qui par d'honnêtes gens ne se doivent point suivre :
Je vous parle un peu franc, mais c'est là mon humeur,
Et je ne mâche point ce que j'ai sur le cœur.

DAMIS

Votre Monsieur Tartuffe est bienheureux sans doute...

MADAME PERNELLE

C'est un homme de bien, qu'il faut que l'on écoute ;
Et je ne puis souffrir, sans me mettre en courroux,
De le voir querellé par un fou comme vous.

DAMIS

Quoi ! je souffrirai, moi, qu'un cagot de critique
Vienne usurper céans un pouvoir tyrannique ?
Et que nous ne puissions à rien nous divertir,
Si ce beau monsieur-là n'y daigne consentir ?

DORINE

S'il le faut écouter, et croire à ses maximes,
On ne peut faire rien qu'on ne fasse des crimes,
Car il contrôle tout, ce critique zélé.

MADAME PERNELLE

Et tout ce qu'il contrôle est fort bien contrôlé.
C'est au chemin du Ciel qu'il prétend vous conduire ;
Et mon fils à l'aimer vous devrait tous induire.

DAMIS

Non, voyez-vous, ma mère, il n'est père ni rien
Qui me puisse obliger à lui vouloir du bien.
Je trahirais mon cœur de parler d'autre sorte ;
Sur ses façons de faire à tous coups je m'emporte ;
J'en prévois une suite, et qu'avec ce pied plat
Il faudra que j'en vienne à quelque grand éclat.

DORINE

Certes, c'est une chose aussi qui scandalise,
De voir qu'un inconnu céans s'impatronise,
Qu'un gueux qui, quand il vint, n'avait pas de souliers

Et dont l'habit entier valait bien six deniers,
En vienne jusque-là que de se méconnaître,
De contrarier tout, et de faire le maître.

MADAME PERNELLE

Hé ! merci de ma vie ! il en irait bien mieux,
Si tout se gouvernait par ses ordres pieux.

DORINE

Il passe pour un saint dans votre fantaisie ;
Tout son fait, croyez-moi, n'est rien qu'hypocrisie.

MADAME PERNELLE

Voyez la langue !

DORINE

À lui, non plus qu'à son Laurent,
Je ne me fierais, moi, que sur un bon garant.

MADAME PERNELLE

J'ignore ce qu'au fond le serviteur peut être ;
Mais pour homme de bien je garantis le maître.
Vous ne lui voulez mal, et ne le rebutez
Qu'à cause qu'il vous dit à tous vos vérités.
C'est contre le péché que son cœur se courrouce,
Et l'intérêt du Ciel est tout ce qui le pousse.

DORINE

Oui ; mais pourquoi, surtout depuis un certain temps,
Ne saurait-il souffrir qu'aucun hante céans ?
En quoi blesse le Ciel une visite honnête,
Pour en faire un vacarme à nous rompre la tête ?
Veut-on que là-dessus je m'explique entre nous ?
Je crois que de Madame il est, ma foi, jaloux.

MADAME PERNELLE

Taisez-vous, et songez aux choses que vous dites.
Ce n'est pas lui tout seul qui blâme ces visites ;
Tout ce tracas qui suit les gens que vous hantez,
Ces carrosses sans cesse à la porte plantés,
Et de tant de laquais le bruyant assemblage

Font un éclat fâcheux dans tout le voisinage.
Je veux croire qu'au fond il ne se passe rien ;
Mais enfin on en parle, et cela n'est pas bien.

CLÉANTE

Hé ! voulez-vous, Madame, empêcher qu'on ne cause ?
Ce serait dans la vie une fâcheuse chose,
Si pour les sots discours où l'on peut être mis,
Il fallait renoncer à ses meilleurs amis.
Et quand même on pourrait se résoudre à le faire,
Croiriez-vous obliger tout le monde à se taire ?
Contre la médisance il n'est point de rempart ;
À tous les sots caquets n'ayons donc nul égard ;
Efforçons-nous de vivre avec toute innocence,
Et laissons aux causeurs une pleine licence.

DORINE

Daphné, notre voisine, et son petit époux
Ne seraient-ils point ceux qui parlent mal de nous ?
Ceux de qui la conduite offre le plus à rire
Sont toujours sur autrui les premiers à médire ;
Ils ne manquent jamais de saisir promptement
L'apparente lueur du moindre attachement,
D'en semer la nouvelle avec beaucoup de joie,
Et d'y donner le tour qu'ils veulent qu'on y croie.
Des actions d'autrui, teintes de leurs couleurs,
Ils pensent dans le monde autoriser les leurs,
Et sous le faux espoir de quelque ressemblance,
Aux intrigues qu'ils ont donner de l'innocence,
Ou faire ailleurs tomber quelques traits partagés
De ce blâme public dont ils sont trop chargés.

MADAME PERNELLE

Tous ces raisonnements ne font rien à l'affaire :
On sait qu'Orante mène une vie exemplaire ;
Tous ses soins vont au Ciel, et j'ai su par des gens
Qu'elle condamne fort le train qui vient céans.

DORINE

L'exemple est admirable, et cette dame est bonne :
Il est vrai qu'elle vit en austère personne ;
Mais l'âge dans son âme a mis ce zèle ardent,
Et l'on sait qu'elle est prude à son corps défendant.
Tant qu'elle a pu des cœurs attirer les hommages,
Elle a fort bien joui de tous ses avantages ;
Mais, voyant de ses yeux tous les brillants baisser,
Au monde, qui la quitte, elle veut renoncer,
Et du voile pompeux d'une haute sagesse
De ses attraits usés déguiser la faiblesse.
Ce sont là les retours des coquettes du temps.
Il leur est dur de voir déserter les galants.
Dans un tel abandon, leur sombre inquiétude
Ne voit d'autre recours que le métier de prude ;
Et la sévérité de ces femmes de bien
Censure toute chose, et ne pardonne à rien ;
Hautement d'un chacun elles blâment la vie,
Non point par charité, mais par un trait d'envie
Qui ne saurait souffrir qu'une autre ait les plaisirs
Dont le penchant de l'âge a sevré leurs désirs.

MADAME PERNELLE

Voilà les contes bleus qu'il vous faut pour vous plaire.
Ma bru, l'on est chez vous contrainte de se taire,
Car Madame à jaser tient le dé tout le jour.
Mais enfin, je prétends discourir à mon tour.
Je vous dis que mon fils n'a rien fait de plus sage
Qu'en recueillant chez soi ce dévot personnage ;
Que le Ciel au besoin l'a céans envoyé,
Pour redresser à tous votre esprit fourvoyé ;
Que pour votre salut vous le devez entendre,
Et qu'il ne reprend rien qui ne soit à reprendre.
Ces visites, ces bals, ces conversations
Sont du malin esprit toutes inventions.
Là, jamais on n'entend de pieuses paroles,
Ce sont propos oisifs, chansons et fariboles ;
Bien souvent le prochain en a sa bonne part,

Et l'on y sait médire et du tiers et du quart.
Enfin les gens sensés ont leurs têtes troublées
De la confusion de telles assemblées :
Mille caquets divers s'y font en moins de rien ;
Et comme l'autre jour un docteur dit fort bien,
C'est véritablement la tour de Babylone,
Car chacun y babille, et tout du long de l'aune ;
Et pour conter l'histoire où ce point l'engagea…
Voilà-t-il pas Monsieur qui ricane déjà ?
Allez chercher vos fous qui vous donnent à rire ;
Et sans… Adieu, ma bru, je ne veux plus rien dire.
Sachez que pour céans j'en rabats de moitié,
Et qu'il fera beau temps quand j'y mettrai le pied.

Donnant un soufflet à Flipote.

Allons, vous ; vous rêvez, et bayez aux corneilles.
Jour de Dieu ! je saurai vous frotter les oreilles ;
Marchons, gaupe, marchons.

Scène II

CLÉANTE, DORINE

CLÉANTE

Je n'y veux point aller,
De peur qu'elle ne vînt encor me quereller,
Que cette bonne femme…

DORINE

Ah ! certes, c'est dommage
Qu'elle ne vous ouït tenir un tel langage :
Elle vous dirait bien qu'elle vous trouve bon,
Et qu'elle n'est point d'âge à lui donner ce nom.

CLÉANTE

Comme elle s'est pour rien contre nous échauffée !
Et que de son Tartuffe elle paraît coiffée !

DORINE

Oh ! vraiment tout cela n'est rien au prix du fils,
Et si vous l'aviez vu, vous diriez : « C'est bien pis ! »
Nos troubles l'avaient mis sur le pied d'homme sage,
Et pour servir son prince il montra du courage ;
Mais il est devenu comme un homme hébété,
Depuis que de Tartuffe on le voit entêté.
Il l'appelle son frère, et l'aime dans son âme
Cent fois plus qu'il ne fait mère, fils, fille, et femme.
C'est de tous ses secrets l'unique confident,
Et de ses actions le directeur prudent.
Il le choie, il l'embrasse, et pour une maîtresse
On ne saurait, je pense, avoir plus de tendresse.
À table, au plus haut bout il veut qu'il soit assis ;
Avec joie il l'y voit manger autant que six ;
Les bons morceaux de tout, il fait qu'on les lui cède ;
Et s'il vient à roter, il lui dit : « Dieu vous aide ! »

C'est une servante qui parle.

Enfin il en est fou ; c'est son tout, son héros ;
Il l'admire à tous coups, le cite à tout propos ;
Ses moindres actions lui semblent des miracles,
Et tous les mots qu'il dit sont pour lui des oracles.
Lui, qui connaît sa dupe et qui veut en jouir,
Par cent dehors fardés a l'art de l'éblouir ;
Son cagotisme en tire à toute heure des sommes,
Et prend droit de gloser sur tous tant que nous sommes.
Il n'est pas jusqu'au fat qui lui sert de garçon
Qui ne se mêle aussi de nous faire leçon.
Il vient nous sermonner avec des yeux farouches,
Et jeter nos rubans, notre rouge et nos mouches.
Le traître, l'autre jour, nous rompit de ses mains
Un mouchoir qu'il trouva dans une *Fleur des Saints*,
Disant que nous mêlions, par un crime effroyable,
Avec la sainteté les parures du diable.

Scène III

Elmire, Mariane, Damis, Cléante, Dorine

Elmire

Vous êtes bienheureux de n'être point venu
Au discours qu'à la porte elle nous a tenu.
Mais j'ai vu mon mari ; comme il ne m'a point vue,
Je veux aller là-haut attendre sa venue.

Cléante

Moi, je l'attends ici pour moins d'amusement,
Et je vais lui donner le bonjour seulement.

Damis

De l'hymen de ma sœur touchez-lui quelque chose.
J'ai soupçon que Tartuffe à son effet s'oppose,
Qu'il oblige mon père à des détours si grands ;
Et vous n'ignorez pas quel intérêt j'y prends.
Si même ardeur enflamme, et ma sœur, et Valère,
La sœur de cet ami, vous le savez, m'est chère ;
Et s'il fallait...

Dorine

Il entre.

Scène IV

Orgon, Cléante, Dorine

Orgon

Ah ! mon frère, bonjour.

Cléante

Je sortais, et j'ai joie à vous voir de retour.
La campagne à présent n'est pas beaucoup fleurie.

ORGON

Dorine... Mon beau-frère, attendez, je vous prie.
Vous voulez bien souffrir, pour m'ôter de souci,
Que je m'informe un peu des nouvelles d'ici.
Tout s'est-il, ces deux jours, passé de bonne sorte ?
Qu'est-ce qu'on fait céans ? comme est-ce qu'on s'y porte ?

DORINE

Madame eut avant-hier la fièvre jusqu'au soir,
Avec un mal de tête étrange à concevoir.

ORGON

Et Tartuffe ?

DORINE

Tartuffe ? Il se porte à merveille.
Gros et gras, le teint frais, et la bouche vermeille.

ORGON

Le pauvre homme !

DORINE

Le soir, elle eut un grand dégoût,
Et ne put au souper toucher à rien du tout,
Tant sa douleur de tête était encor cruelle !

ORGON

Et Tartuffe ?

DORINE

Il soupa, lui tout seul, devant elle,
Et fort dévotement il mangea deux perdrix,
Avec une moitié de gigot en hachis.

ORGON

Le pauvre homme !

DORINE

La nuit se passa tout entière
Sans qu'elle pût fermer un moment la paupière ;
Des chaleurs l'empêchaient de pouvoir sommeiller,
Et jusqu'au jour près d'elle il nous fallut veiller.

ORGON

Et Tartuffe ?

DORINE

Pressé d'un sommeil agréable,
Il passa dans sa chambre au sortir de la table,
Et dans son lit bien chaud il se mit tout soudain,
Où sans trouble il dormit jusques au lendemain.

ORGON

Le pauvre homme !

DORINE

À la fin, par nos raisons gagnée,
Elle se résolut à souffrir la saignée,
Et le soulagement suivit tout aussitôt.

ORGON

Et Tartuffe ?

DORINE

Il reprit courage comme il faut ;
Et contre tous les maux fortifiant son âme,
Pour réparer le sang qu'avait perdu Madame,
But à son déjeuner quatre grands coups de vin.

ORGON

Le pauvre homme !

DORINE

Tous deux se portent bien enfin ;
Et je vais à Madame annoncer par avance
La part que vous prenez à sa convalescence.

Scène v

ORGON, CLÉANTE

CLÉANTE

À votre nez, mon frère, elle se rit de vous ;

Et sans avoir dessein de vous mettre en courroux,
Je vous dirai tout franc que c'est avec justice.
A-t-on jamais parlé d'un semblable caprice ?
Et se peut-il qu'un homme ait un charme aujourd'hui
À vous faire oublier toutes choses pour lui ?
Qu'après avoir chez vous réparé sa misère,
Vous en veniez au point…

ORGON

Halte-là, mon beau-frère :
Vous ne connaissez pas celui dont vous parlez.

CLÉANTE

Je ne le connais pas, puisque vous le voulez ;
Mais enfin, pour savoir quel homme ce peut être…

ORGON

Mon frère, vous seriez charmé de le connaître,
Et vos ravissements ne prendraient point de fin.
C'est un homme… qui… ha… un homme… un homme enfin.
Qui suit bien ses leçons goûte une paix profonde,
Et comme du fumier regarde tout le monde.
Oui, je deviens tout autre avec son entretien ;
Il m'enseigne à n'avoir affection pour rien,
De toutes amitiés il détache mon âme ;
Et je verrais mourir frère, enfants, mère et femme,
Que je m'en soucierais autant que de cela.

CLÉANTE

Les sentiments humains, mon frère, que voilà !

ORGON

Ha ! si vous aviez vu comme j'en fis rencontre,
Vous auriez pris pour lui l'amitié que je montre.
Chaque jour à l'église il venait, d'un air doux,
Tout vis-à-vis de moi se mettre à deux genoux.
Il attirait les yeux de l'assemblée entière
Par l'ardeur dont au Ciel il poussait sa prière :
Il faisait des soupirs, de grands élancements,
Et baisait humblement la terre à tous moments ;

Et lorsque je sortais, il me devançait vite,
Pour m'aller à la porte offrir de l'eau bénite.
Instruit par son garçon, qui dans tout l'imitait,
Et de son indigence, et de ce qu'il était,
Je lui faisais des dons ; mais avec modestie
Il me voulait toujours en rendre une partie.
« C'est trop, me disait-il, c'est trop de la moitié,
Je ne mérite pas de vous faire pitié » ;
Et quand je refusais de le vouloir reprendre,
Aux pauvres, à mes yeux, il allait le répandre.
Enfin le Ciel chez moi me le fit retirer,
Et depuis ce temps-là tout semble y prospérer.
Je vois qu'il reprend tout, et qu'à ma femme même
Il prend, pour mon honneur, un intérêt extrême ;
Il m'avertit des gens qui lui font les yeux doux,
Et plus que moi six fois il s'en montre jaloux.
Mais vous ne croiriez point jusqu'où monte son zèle ;
Il s'impute à péché la moindre bagatelle ;
Un rien presque suffit pour le scandaliser,
Jusque-là qu'il se vint l'autre jour accuser
D'avoir pris une puce en faisant sa prière,
Et de l'avoir tuée avec trop de colère.

CLÉANTE

Parbleu ! vous êtes fou, mon frère, que je croi.
Avec de tels discours vous moquez-vous de moi ?
Et que prétendez-vous que tout ce badinage...

ORGON

Mon frère, ce discours sent le libertinage.
Vous en êtes un peu dans votre âme entiché ;
Et comme je vous l'ai plus de dix fois prêché,
Vous vous attirerez quelque méchante affaire.

CLÉANTE

Voilà de vos pareils le discours ordinaire.
Ils veulent que chacun soit aveugle comme eux.
C'est être libertin que d'avoir de bons yeux,
Et qui n'adore pas de vaines simagrées

N'a ni respect ni foi pour les choses sacrées.
Allez, tous vos discours ne me font point de peur ;
Je sais comme je parle, et le Ciel voit mon cœur.
De tous vos façonniers on n'est point les esclaves.
Il est de faux dévots ainsi que de faux braves ;
Et comme on ne voit pas qu'où l'honneur les conduit
Les vrais braves soient ceux qui font beaucoup de bruit,
Les bons et vrais dévots, qu'on doit suivre à la trace,
Ne sont pas ceux aussi qui font tant de grimace.
Hé quoi ! vous ne ferez nulle distinction
Entre l'hypocrisie et la dévotion ?
Vous les voulez traiter d'un semblable langage,
Et rendre même honneur au masque qu'au visage ?
Égaler l'artifice à la sincérité,
Confondre l'apparence avec la vérité,
Estimer le fantôme autant que la personne,
Et la fausse monnaie à l'égal de la bonne ?
Les hommes la plupart sont étrangement faits !
Dans la juste nature on ne les voit jamais.
La raison a pour eux des bornes trop petites.
En chaque caractère ils passent ses limites ;
Et la plus noble chose, ils la gâtent souvent
Pour la vouloir outrer et pousser trop avant.
Que cela vous soit dit en passant, mon beau-frère.

ORGON

Oui, vous êtes sans doute un docteur qu'on révère ;
Tout le savoir du monde est chez vous retiré ;
Vous êtes le seul sage et le seul éclairé,
Un oracle, un Caton dans le siècle où nous sommes ;
Et près de vous ce sont des sots que tous les hommes.

CLÉANTE

Je ne suis point, mon frère, un docteur révéré,
Et le savoir chez moi n'est pas tout retiré.
Mais, en un mot, je sais, pour toute ma science,
Du faux avec le vrai faire la différence.
Et comme je ne vois nul genre de héros
Qui soient plus à priser que les parfaits dévots,

Aucune chose au monde et plus noble et plus belle
Que la sainte ferveur d'un véritable zèle,
Aussi ne vois-je rien qui soit plus odieux
Que le dehors plâtré d'un zèle spécieux,
Que ces francs charlatans, que ces dévots de place,
De qui la sacrilège et trompeuse grimace
Abuse impunément et se joue à leur gré
De ce qu'ont les mortels de plus saint et sacré.
Ces gens qui, par une âme à l'intérêt soumise,
Font de dévotion métier et marchandise,
Et veulent acheter crédit et dignités
À prix de faux clins d'yeux et d'élans affectés,
Ces gens, dis-je, qu'on voit d'une ardeur non commune
Par le chemin du Ciel courir à leur fortune,
Qui, brûlants et priants, demandent chaque jour,
Et prêchent la retraite au milieu de la cour,
Qui savent ajuster leur zèle avec leurs vices,
Sont prompts, vindicatifs, sans foi, pleins d'artifices,
Et pour perdre quelqu'un couvrent insolemment
De l'intérêt du Ciel leur fier ressentiment,
D'autant plus dangereux dans leur âpre colère
Qu'ils prennent contre nous des armes qu'on révère,
Et que leur passion, dont on leur sait bon gré,
Veut nous assassiner avec un fer sacré.
De ce faux caractère on en voit trop paraître;
Mais les dévots de cœur sont aisés à connaître.
Notre siècle, mon frère, en expose à nos yeux
Qui peuvent nous servir d'exemples glorieux.
Regardez Ariston, regardez Périandre,
Oronte, Alcidamas, Polydore, Clitandre:
Ce titre par aucun ne leur est débattu;
Ce ne sont point du tout fanfarons de vertu;
On ne voit point en eux ce faste insupportable,
Et leur dévotion est humaine, est traitable.
Ils ne censurent point toutes nos actions,
Ils trouvent trop d'orgueil dans ces corrections,
Et laissant la fierté des paroles aux autres,
C'est par leurs actions qu'ils reprennent les nôtres.

L'apparence du mal a chez eux peu d'appui,
Et leur âme est portée à juger bien d'autrui;
Point de cabale en eux, point d'intrigues à suivre;
On les voit, pour tous soins, se mêler de bien vivre.
Jamais contre un pécheur ils n'ont d'acharnement.
Ils attachent leur haine au péché seulement,
Et ne veulent point prendre, avec un zèle extrême,
Les intérêts du Ciel plus qu'il ne veut lui-même.
Voilà mes gens; voilà comme il en faut user,
Voilà l'exemple enfin qu'il se faut proposer.
Votre homme, à dire vrai, n'est pas de ce modèle;
C'est de fort bonne foi que vous vantez son zèle,
Mais par un faux éclat je vous crois ébloui.

ORGON

Monsieur mon cher beau-frère, avez-vous tout dit?

CLÉANTE

Oui.

ORGON

Je suis votre valet. *(Il veut s'en aller.)*

CLÉANTE

De grâce, un mot, mon frère.
Laissons là ce discours. Vous savez que Valère
Pour être votre gendre a parole de vous?

ORGON

Oui.

CLÉANTE

Vous aviez pris jour pour un lien si doux.

ORGON

Il est vrai.

CLÉANTE

Pourquoi donc en différer la fête?

ORGON

Je ne sais.

CLÉANTE

Auriez-vous autre pensée en tête ?

ORGON

Peut-être.

CLÉANTE

Vous voulez manquer à votre foi ?

ORGON

Je ne dis pas cela.

CLÉANTE

Nul obstacle, je croi,
Ne vous peut empêcher d'accomplir vos promesses.

ORGON

Selon.

CLÉANTE

Pour dire un mot faut-il tant de finesses ?
Valère sur ce point me fait vous visiter.

ORGON

Le Ciel en soit loué !

CLÉANTE

Mais que lui reporter ?

ORGON

Tout ce qu'il vous plaira.

CLÉANTE

Mais il est nécessaire
De savoir vos desseins. Quels sont-ils donc ?

ORGON

De faire
Ce que le Ciel voudra.

CLÉANTE

Mais parlons tout de bon.
Valère a votre foi. La tiendrez-vous, ou non ?

ORGON

Adieu.

CLÉANTE

Pour son amour je crains une disgrâce,
Et je dois l'avertir de tout ce qui se passe.

ACTE II

Scène première

ORGON, MARIANE

ORGON

Mariane.

MARIANE

Mon père.

ORGON

Approchez. J'ai de quoi
Vous parler en secret.

MARIANE

Que cherchez-vous ?

ORGON.

Il regarde dans un petit cabinet.

Je vois
Si quelqu'un n'est point là qui pourrait nous entendre ;
Car ce petit endroit est propre pour surprendre.
Or sus, nous voilà bien. J'ai, Mariane, en vous
Reconnu de tout temps un esprit assez doux ;
Et de tout temps aussi vous m'avez été chère.

MARIANE

Je suis fort redevable à cet amour de père.

ORGON

C'est fort bien dit, ma fille ; et pour le mériter,
Vous devez n'avoir soin que de me contenter.

MARIANE

C'est où je mets aussi ma gloire la plus haute.

ORGON

Fort bien. Que dites-vous de Tartuffe notre hôte ?

MARIANE

Qui, moi ?

ORGON

Vous. Voyez bien comme vous répondrez.

MARIANE

Hélas ! j'en dirai, moi, tout ce que vous voudrez.

ORGON

C'est parler sagement. Dites-moi donc, ma fille,
Qu'en toute sa personne un haut mérite brille,
Qu'il touche votre cœur, et qu'il vous serait doux
De le voir par mon choix devenir votre époux.
Eh ?

Mariane se recule avec surprise.

MARIANE

Eh ?

ORGON

Qu'est-ce ?

MARIANE

Plaît-il ?

ORGON

Quoi ?

MARIANE

Me suis-je méprise ?

ORGON

Comment ?

MARIANE

Qui voulez-vous, mon père, que je dise
Qui me touche le cœur, et qu'il me serait doux
De voir par votre choix devenir mon époux ?

ORGON

Tartuffe.

MARIANE

Il n'en est rien, mon père, je vous jure :
Pourquoi me faire dire une telle imposture ?

ORGON

Mais je veux que cela soit une vérité ;
Et c'est assez pour vous que je l'aie arrêté.

MARIANE

Quoi ? vous voulez, mon père...

ORGON

Oui, je prétends, ma fille,
Unir par votre hymen Tartuffe à ma famille.
Il sera votre époux, j'ai résolu cela ;
Et comme sur vos vœux je...

Scène II

DORINE, ORGON, MARIANE

ORGON

Que faites-vous là ?
La curiosité qui vous presse est bien forte,
Mamie, à nous venir écouter de la sorte.

DORINE

Vraiment, je ne sais pas si c'est un bruit qui part
De quelque conjecture, ou d'un coup de hasard
Mais de ce mariage on m'a dit la nouvelle,
Et j'ai traité cela de pure bagatelle.

ORGON

Quoi donc ? la chose est-elle incroyable ?

DORINE

À tel point,
Que vous-même, Monsieur, je ne vous en crois point.

ORGON

Je sais bien le moyen de vous le faire croire.

DORINE

Oui, oui, vous nous contez une plaisante histoire.

ORGON

Je conte justement ce qu'on verra dans peu.

DORINE

Chansons !

ORGON

Ce que je dis, ma fille, n'est point jeu.

DORINE

Allez, ne croyez point à Monsieur votre père,
Il raille.

ORGON

Je vous dis…

DORINE

Non, vous avez beau faire,
On ne vous croira point.

ORGON

À la fin mon courroux…

DORINE

Hé bien ! on vous croit donc, et c'est tant pis pour vous.
Quoi ! se peut-il, Monsieur, qu'avec l'air d'homme sage
Et cette large barbe au milieu du visage,
Vous soyez assez fou pour vouloir…

ORGON

Écoutez :

Vous avez pris céans certaines privautés
Qui ne me plaisent point ; je vous le dis, mamie.

DORINE

Parlons sans nous fâcher, Monsieur, je vous supplie.
Vous moquez-vous des gens d'avoir fait ce complot ?
Votre fille n'est point l'affaire d'un bigot.
Il a d'autres emplois auxquels il faut qu'il pense ;
Et puis, que vous apporte une telle alliance ?
À quel sujet aller, avec tout votre bien,
Choisir un gendre gueux…

ORGON

Taisez-vous. S'il n'a rien,
Sachez que c'est par là qu'il faut qu'on le révère.
Sa misère est sans doute une honnête misère.
Au-dessus des grandeurs elle doit l'élever,
Puisque enfin de son bien il s'est laissé priver
Par son trop peu de soin des choses temporelles,
Et sa puissante attache aux choses éternelles.
Mais mon secours pourra lui donner les moyens
De sortir d'embarras et rentrer dans ses biens :
Ce sont fiefs qu'à bon titre au pays on renomme ;
Et tel que l'on le voit, il est bien gentilhomme.

DORINE

Oui, c'est lui qui le dit, et cette vanité,
Monsieur, ne sied pas bien avec la piété.
Qui d'une sainte vie embrasse l'innocence
Ne doit point tant prôner son nom et sa naissance ;
Et l'humble procédé de la dévotion
Souffre mal les éclats de cette ambition.
À quoi bon cet orgueil… Mais ce discours vous blesse ;
Parlons de sa personne, et laissons sa noblesse.
Ferez-vous possesseur, sans quelque peu d'ennui,
D'une fille comme elle un homme comme lui ?
Et ne devez-vous pas songer aux bienséances,
Et de cette union prévoir les conséquences ?
Sachez que d'une fille on risque la vertu,

Lorsque dans son hymen son goût est combattu,
Que le dessein d'y vivre en honnête personne
Dépend des qualités du mari qu'on lui donne,
Et que ceux dont partout on montre au doigt le front
Font leurs femmes souvent ce qu'on voit qu'elles sont.
Il est bien difficile enfin d'être fidèle
À de certains maris faits d'un certain modèle;
Et qui donne à sa fille un homme qu'elle hait
Est responsable au Ciel des fautes qu'elle fait.
Songez à quels périls votre dessein vous livre.

ORGON

Je vous dis qu'il me faut apprendre d'elle à vivre.

DORINE

Vous n'en feriez que mieux de suivre mes leçons.

ORGON

Ne nous amusons point, ma fille, à ces chansons;
Je sais ce qu'il vous faut, et je suis votre père.
J'avais donné pour vous ma parole à Valère;
Mais outre qu'à jouer on dit qu'il est enclin,
Je le soupçonne encor d'être un peu libertin;
Je ne remarque point qu'il hante les églises.

DORINE

Voulez-vous qu'il y coure à vos heures précises,
Comme ceux qui n'y vont que pour être aperçus?

ORGON

Je ne demande pas votre avis là-dessus.
Enfin avec le Ciel l'autre est le mieux du monde,
Et c'est une richesse à nulle autre seconde,
Cet hymen de tous biens comblera vos désirs,
Il sera tout confit en douceurs et plaisirs.
Ensemble vous vivrez, dans vos ardeurs fidèles,
Comme deux vrais enfants, comme deux tourterelles.
À nul fâcheux débat jamais vous n'en viendrez,
Et vous ferez de lui tout ce que vous voudrez.

DORINE

Elle ? elle n'en fera qu'un sot, je vous assure.

ORGON

Ouais ! quels discours !

DORINE

Je dis qu'il en a l'encolure,
Et que son ascendant, Monsieur, l'emportera
Sur toute la vertu que votre fille aura.

ORGON

Cessez de m'interrompre, et songez à vous taire,
Sans mettre votre nez où vous n'avez que faire.

DORINE

Je n'en parle, Monsieur, que pour votre intérêt.

Elle l'interrompt toujours au moment qu'il se retourne pour parler à sa fille.

ORGON

C'est prendre trop de soin ; taisez-vous, s'il vous plaît.

DORINE

Si l'on ne vous aimait…

ORGON

Je ne veux pas qu'on m'aime.

DORINE

Et je veux vous aimer, Monsieur, malgré vous-même.

ORGON

Ah !

DORINE

Votre honneur m'est cher, et je ne puis souffrir
Qu'aux brocards d'un chacun vous alliez vous offrir.

ORGON

Vous ne vous tairez point ?

DORINE

C'est une conscience
Que de vous laisser faire une telle alliance.

ORGON

Te tairas-tu, serpent, dont les traits effrontés…

DORINE

Ah ! vous êtes dévot, et vous vous emportez ?

ORGON

Oui, ma bile s'échauffe à toutes ces fadaises,
Et tout résolument je veux que tu te taises.

DORINE

Soit. Mais, ne disant mot, je n'en pense pas moins.

ORGON

Pense, si tu le veux ; mais applique tes soins
À ne m'en point parler, ou… Suffit.

Se retournant vers sa fille.

Comme sage,
J'ai pesé mûrement toutes choses.

DORINE

J'enrage
De ne pouvoir parler.

Elle se tait lorsqu'il tourne la tête.

ORGON

Sans être damoiseau,
Tartuffe est fait de sorte…

DORINE

Oui, c'est un beau museau.

ORGON

Que quand tu n'aurais même aucune sympathie
Pour tous les autres dons…

Il se retourne devant elle,
et la regarde les bras croisés.

DORINE

La voilà bien lotie.
Si j'étais en sa place, un homme assurément
Ne m'épouserait pas de force impunément ;
Et je lui ferais voir bientôt après la fête
Qu'une femme a toujours une vengeance prête.

ORGON

Donc de ce que je dis on ne fera nul cas ?

DORINE

De quoi vous plaignez-vous ? Je ne vous parle pas.

ORGON

Qu'est-ce que tu fais donc ?

DORINE

Je me parle à moi-même.

ORGON

Fort bien. Pour châtier son insolence extrême,
Il faut que je lui donne un revers de ma main.

Il se met en posture de lui donner un soufflet ;
et Dorine, à chaque coup d'œil qu'il jette,
se tient droite sans parler.

Ma fille, vous devez approuver mon dessein…
Croire que le mari… que j'ai su vous élire…
Que ne te parles-tu ?

DORINE

Je n'ai rien à me dire.

ORGON

Encore un petit mot.

DORINE

Il ne me plaît pas, moi.

ORGON

Certes, je t'y guettais.

DORINE

Quelque sotte, ma foi.

ORGON

Enfin, ma fille, il faut payer d'obéissance,
Et montrer pour mon choix entière déférence.

DORINE,

en s'enfuyant.

Je me moquerais fort de prendre un tel époux.

Il lui veut donner un soufflet et la manque.

ORGON

Vous avez là, ma fille, une peste avec vous,
Avec qui sans péché je ne saurais plus vivre.
Je me sens hors d'état maintenant de poursuivre ;
Ses discours insolents m'ont mis l'esprit en feu,
Et je vais prendre l'air pour me rasseoir un peu.

Scène III

DORINE, MARIANE

DORINE

Avez-vous donc perdu, dites-moi, la parole ?
Et faut-il qu'en ceci je fasse votre rôle ?
Souffrir qu'on vous propose un projet insensé,
Sans que du moindre mot vous l'ayez repoussé !

MARIANE

Contre un père absolu que veux-tu que je fasse ?

DORINE

Ce qu'il faut pour parer une telle menace.

MARIANE

Quoi ?

DORINE

Lui dire qu'un cœur n'aime point par autrui,
Que vous vous mariez pour vous, non pas pour lui,
Qu'étant celle pour qui se fait toute l'affaire,
C'est à vous, non à lui, que le mari doit plaire,
Et que si son Tartuffe est pour lui si charmant,
Il le peut épouser sans nul empêchement.

MARIANE

Un père, je l'avoue, a sur nous tant d'empire
Que je n'ai jamais eu la force de rien dire.

DORINE

Mais raisonnons. Valère a fait pour vous des pas ;
L'aimez-vous, je vous prie, ou ne l'aimez-vous pas ?

MARIANE

Ah ! qu'envers mon amour ton injustice est grande,
Dorine ! me dois-tu faire cette demande ?
T'ai-je pas là-dessus ouvert cent fois mon cœur,
Et sais-tu pas pour lui jusqu'où va mon ardeur ?

DORINE

Que sais-je si le cœur a parlé par la bouche,
Et si c'est tout de bon que cet amant vous touche ?

MARIANE

Tu me fais un grand tort, Dorine, d'en douter,
Et mes vrais sentiments ont su trop éclater.

DORINE

Enfin, vous l'aimez donc ?

MARIANE

Oui, d'une ardeur extrême.

DORINE

Et selon l'apparence il vous aime de même ?

MARIANE

Je le crois.

DORINE

Et tous deux brûlez également
De vous voir mariés ensemble?

MARIANE

Assurément.

DORINE

Sur cette autre union quelle est donc votre attente?

MARIANE

De me donner la mort si l'on me violente.

DORINE

Fort bien. C'est un recours où je ne songeais pas;
Vous n'avez qu'à mourir pour sortir d'embarras;
Le remède sans doute est merveilleux. J'enrage
Lorsque j'entends tenir ces sortes de langage.

MARIANE

Mon Dieu! de quelle humeur, Dorine, tu te rends!
Tu ne compatis point aux déplaisirs des gens.

DORINE

Je ne compatis point à qui dit des sornettes
Et dans l'occasion mollit comme vous faites.

MARIANE

Mais que veux-tu? si j'ai de la timidité.

DORINE

Mais l'amour dans un cœur veut de la fermeté.

MARIANE

Mais n'en gardé-je pas pour les feux de Valère?
Et n'est-ce pas à lui de m'obtenir d'un père?

DORINE

Mais quoi! si votre père est un bourru fieffé,
Qui s'est de son Tartuffe entièrement coiffé

Et manque à l'union qu'il avait arrêtée,
La faute à votre amant doit-elle être imputée ?

MARIANE

Mais par un haut refus et d'éclatants mépris
Ferai-je dans mon choix voir un cœur trop épris ?
Sortirai-je pour lui, quelque éclat dont il brille,
De la pudeur du sexe et du devoir de fille ?
Et veux-tu que mes feux par le monde étalés...

DORINE

Non, non, je ne veux rien. Je vois que vous voulez
Être à Monsieur Tartuffe ; et j'aurais, quand j'y pense,
Tort de vous détourner d'une telle alliance.
Quelle raison aurais-je à combattre vos vœux ?
Le parti de soi-même est fort avantageux.
Monsieur Tartuffe ! oh ! oh ! n'est-ce rien qu'on propose ?
Certes, Monsieur Tartuffe, à bien prendre la chose,
N'est pas un homme, non, qui se mouche du pied,
Et ce n'est pas peu d'heur que d'être sa moitié.
Tout le monde déjà de gloire le couronne,
Il est noble chez lui, bien fait de sa personne,
Il a l'oreille rouge et le teint bien fleuri ;
Vous vivrez trop contente avec un tel mari.

MARIANE

Mon Dieu !...

DORINE

Quelle allégresse aurez-vous dans votre âme,
Quand d'un époux si beau vous vous verrez la femme !

MARIANE

Ha ! cesse, je te prie, un semblable discours,
Et contre cet hymen ouvre-moi du secours.
C'en est fait, je me rends, et suis prête à tout faire.

DORINE

Non, il faut qu'une fille obéisse à son père,
Voulût-il lui donner un singe pour époux.
Votre sort est fort beau, de quoi vous plaignez-vous ?

Vous irez par le coche en sa petite ville,
Qu'en oncles et cousins vous trouverez fertile ;
Et vous vous plairez fort à les entretenir.
D'abord chez le beau monde on vous fera venir.
Vous irez visiter, pour votre bienvenue,
Madame la baillive et Madame l'élue,
Qui d'un siège pliant vous feront honorer.
Là, dans le carnaval, vous pourrez espérer
Le bal et la grand-bande, à savoir deux musettes,
Et parfois Fagotin et les marionnettes,
Si pourtant votre époux...

MARIANE

Ah ! tu me fais mourir.
De tes conseils plutôt songe à me secourir.

DORINE

Je suis votre servante.

MARIANE

Eh ! Dorine, de grâce...

DORINE

Il faut, pour vous punir, que cette affaire passe.

MARIANE

Ma pauvre fille !

DORINE

Non.

MARIANE

Si mes vœux déclarés...

DORINE

Point, Tartuffe est votre homme, et vous en tâterez.

MARIANE

Tu sais qu'à toi toujours je me suis confiée.
Fais-moi...

DORINE

Non ; vous serez, ma foi ! tartuffiée.

MARIANE

Hé bien ! puisque mon sort ne saurait t'émouvoir,
Laisse-moi désormais toute à mon désespoir.
C'est de lui que mon cœur empruntera de l'aide,
Et je sais de mes maux l'infaillible remède.

Elle veut s'en aller.

DORINE

Hé ! là, là, revenez ; je quitte mon courroux.
Il faut, nonobstant tout, avoir pitié de vous.

MARIANE

Vois-tu, si l'on m'expose à ce cruel martyre,
Je te le dis, Dorine, il faudra que j'expire.

DORINE

Ne vous tourmentez point ; on peut adroitement
Empêcher… Mais voici Valère, votre amant.

Scène IV

VALÈRE, MARIANE, DORINE

VALÈRE

On vient de débiter, Madame, une nouvelle
Que je ne savais pas, et qui sans doute est belle.

MARIANE

Quoi ?

VALÈRE

Que vous épousez Tartuffe.

MARIANE

Il est certain
Que mon père s'est mis en tête ce dessein.

VALÈRE

Votre père, Madame…

MARIANE

A changé de visée :

La chose vient par lui de m'être proposée.

VALÈRE

Quoi ? sérieusement ?

MARIANE

Oui, sérieusement.

Il s'est pour cet hymen déclaré hautement.

VALÈRE

Et quel est le dessein où votre âme s'arrête,

Madame ?

MARIANE

Je ne sais.

VALÈRE

La réponse est honnête.

Vous ne savez ?

MARIANE

Non.

VALÈRE

Non ?

MARIANE

Que me conseillez-vous ?

VALÈRE

Je vous conseille, moi, de prendre cet époux.

MARIANE

Vous me le conseillez ?

VALÈRE

Oui.

MARIANE

Tout de bon ?

VALÈRE

Sans doute.
Le choix est glorieux, et vaut bien qu'on l'écoute.

MARIANE

Hé bien ! c'est un conseil, Monsieur, que je reçois.

VALÈRE

Vous n'aurez pas grand-peine à le suivre, je crois.

MARIANE

Pas plus qu'à le donner en a souffert votre âme.

VALÈRE

Moi, je vous l'ai donné pour vous plaire, Madame.

MARIANE

Et moi, je le suivrai pour vous faire plaisir.

DORINE

Voyons ce qui pourra de ceci réussir.

VALÈRE

C'est donc ainsi qu'on aime ? Et c'était tromperie
Quand vous...

MARIANE

Ne parlons point de cela, je vous prie.
Vous m'avez dit tout franc que je dois accepter
Celui que pour époux on me veut présenter :
Et je déclare, moi, que je prétends le faire,
Puisque vous m'en donnez le conseil salutaire.

VALÈRE

Ne vous excusez point sur mes intentions.
Vous aviez pris déjà vos résolutions ;
Et vous vous saisissez d'un prétexte frivole
Pour vous autoriser à manquer de parole.

MARIANE

Il est vrai, c'est bien dit.

VALÈRE

Sans doute, et votre cœur
N'a jamais eu pour moi de véritable ardeur.

MARIANE

Hélas ! permis à vous d'avoir cette pensée.

VALÈRE

Oui, oui, permis à moi ; mais mon âme offensée
Vous préviendra peut-être en un pareil dessein ;
Et je sais où porter et mes vœux et ma main.

MARIANE

Ah ! je n'en doute point ; et les ardeurs qu'excite
Le mérite...

VALÈRE

Mon Dieu, laissons là le mérite ;
J'en ai fort peu sans doute, et vous en faites foi.
Mais j'espère aux bontés qu'une autre aura pour moi ;
Et j'en sais de qui l'âme, à ma retraite ouverte,
Consentira sans honte à réparer ma perte.

MARIANE

La perte n'est pas grande, et de ce changement
Vous vous consolerez assez facilement...

VALÈRE

J'y ferai mon possible, et vous le pouvez croire.
Un cœur qui nous oublie engage notre gloire.
Il faut à l'oublier mettre aussi tous nos soins.
Si l'on n'en vient à bout, on le doit feindre au moins ;
Et cette lâcheté jamais ne se pardonne,
De montrer de l'amour pour qui nous abandonne.

MARIANE

Ce sentiment, sans doute, est noble et relevé.

VALÈRE

Fort bien ; et d'un chacun il doit être approuvé.
Hé quoi ! vous voudriez qu'à jamais dans mon âme
Je gardasse pour vous les ardeurs de ma flamme ?

Et vous visse, à mes yeux, passer en d'autres bras,
Sans mettre ailleurs un cœur dont vous ne voulez pas ?

MARIANE

Au contraire, pour moi, c'est ce que je souhaite ;
Et je voudrais déjà que la chose fût faite.

VALÈRE

Vous le voudriez ?

MARIANE

Oui.

VALÈRE

C'est assez m'insulter,
Madame, et de ce pas je vais vous contenter.

Il fait un pas pour s'en aller et revient toujours.

MARIANE

Fort bien.

VALÈRE

Souvenez-vous au moins que c'est vous-même
Qui contraignez mon cœur à cet effort extrême.

MARIANE

Oui.

VALÈRE

Et que le dessein que mon âme conçoit
N'est rien qu'à votre exemple.

MARIANE

À mon exemple, soit.

VALÈRE

Suffit ; vous allez être à point nommé servie.

MARIANE

Tant mieux.

VALÈRE

Vous me voyez, c'est pour toute ma vie.

MARIANE

À la bonne heure.

VALÈRE

Il s'en va, et, lorsqu'il est vers la porte,
il se retourne.

Euh !

MARIANE

Quoi ?

VALÈRE

Ne m'appelez-vous pas ?

MARIANE

Moi ? Vous rêvez.

VALÈRE

Hé bien ! je poursuis donc mes pas.
Adieu, Madame.

MARIANE

Adieu, Monsieur.

DORINE

Pour moi, je pense
Que vous perdez l'esprit par cette extravagance ;
Et je vous ai laissé tout du long quereller,
Pour voir où tout cela pourrait enfin aller.
Holà ! seigneur Valère.

Elle va l'arrêter par le bras,
et lui fait mine de grande résistance.

VALÈRE

Hé ! que veux-tu, Dorine ?

DORINE

Venez ici.

VALÈRE

Non, non, le dépit me domine.

Ne me détourne point de ce qu'elle a voulu.

DORINE

Arrêtez.

VALÈRE

Non, vois-tu, c'est un point résolu.

DORINE

Ah !

MARIANE

Il souffre à me voir, ma présence le chasse ;
Et je ferai bien mieux de lui quitter la place.

DORINE

Elle quitte Valère et court à Mariane.

À l'autre. Où courez-vous ?

MARIANE

Laisse.

DORINE

Il faut revenir.

MARIANE

Non, non, Dorine, en vain tu veux me retenir.

VALÈRE

Je vois bien que ma vue est pour elle un supplice ;
Et sans doute il vaut mieux que je l'en affranchisse.

DORINE

Elle quitte Mariane et court à Valère.

Encor ? Diantre soit fait de vous si je le veux !
Cessez ce badinage, et venez çà tous deux.

Elle les tire l'un et l'autre.

VALÈRE

Mais quel est ton dessein ?

MARIANE

Qu'est-ce que tu veux faire ?

DORINE

Vous bien remettre ensemble, et vous tirer d'affaire.
Êtes-vous fou d'avoir un pareil démêlé ?

VALÈRE

N'as-tu pas entendu comme elle m'a parlé ?

DORINE

Êtes-vous folle, vous, de vous être emportée ?

MARIANE

N'as-tu pas vu la chose, et comme il m'a traitée ?

DORINE

Sottise des deux parts. Elle n'a d'autre soin
Que de se conserver à vous, j'en suis témoin.
Il n'aime que vous seule, et n'a point d'autre envie
Que d'être votre époux ; j'en réponds sur ma vie.

MARIANE

Pourquoi donc me donner un semblable conseil ?

VALÈRE

Pourquoi m'en demander sur un sujet pareil ?

DORINE

Vous êtes fous tous deux. Çà, la main l'un et l'autre.
Allons, vous.

VALÈRE, *en donnant sa main à Dorine.*

À quoi bon ma main ?

DORINE

Ah ! çà, la vôtre.

MARIANE,
en donnant aussi sa main.

De quoi sert tout cela ?

DORINE

Mon Dieu ! vite, avancez.
Vous vous aimez tous deux plus que vous ne pensez.

VALÈRE

Mais ne faites donc point les choses avec peine,
Et regardez un peu les gens sans nulle haine.

Mariane tourne l'œil sur Valère
et fait un petit souris.

DORINE

À vous dire le vrai, les amants sont bien fous !

VALÈRE

Ho çà, n'ai-je pas lieu de me plaindre de vous ?
Et pour n'en point mentir, n'êtes-vous pas méchante
De vous plaire à me dire une chose affligeante ?

MARIANE

Mais vous, n'êtes-vous pas l'homme le plus ingrat...

DORINE

Pour une autre saison laissons tout ce débat,
Et songeons à parer ce fâcheux mariage.

MARIANE

Dis-nous donc quels ressorts il faut mettre en usage.

DORINE

Nous en ferons agir de toutes les façons.
Votre père se moque, et ce sont des chansons.
Mais pour vous, il vaut mieux qu'à son extravagance
D'un doux consentement vous prêtiez l'apparence,
Afin qu'en cas d'alarme il vous soit plus aisé
De tirer en longueur cet hymen proposé.
En attrapant du temps, à tout on remédie.
Tantôt vous payerez de quelque maladie,
Qui viendra tout à coup et voudra des délais ;
Tantôt vous payerez de présages mauvais :
Vous aurez fait d'un mort la rencontre fâcheuse,
Cassé quelque miroir, ou songé d'eau bourbeuse.
Enfin le bon de tout, c'est qu'à d'autres qu'à lui
On ne vous peut lier, que vous ne disiez « oui ».
Mais pour mieux réussir, il est bon, ce me semble,

Qu'on ne vous trouve point tous deux parlant ensemble.

À Valère.

Sortez, et sans tarder employez vos amis
Pour vous faire tenir ce qu'on vous a promis.
Nous allons réveiller les efforts de son frère,
Et dans notre parti jeter la belle-mère.
Adieu.

VALÈRE,
à Mariane.

Quelques efforts que nous préparions tous,
Ma plus grande espérance, à vrai dire, est en vous.

MARIANE,
à Valère.

Je ne vous réponds pas des volontés d'un père ;
Mais je ne serai point à d'autre qu'à Valère.

VALÈRE

Que vous me comblez d'aise ! Et quoi que puisse oser...

DORINE

Ah ! jamais les amants ne sont las de jaser.
Sortez, vous dis-je.

VALÈRE
Il fait un pas et revient.

Enfin...

DORINE

Quel caquet est le vôtre !
Tirez de cette part ; et vous, tirez de l'autre.

Les poussant chacun par l'épaule.

ACTE III

Scène première

DAMIS, DORINE

DAMIS

Que la foudre sur l'heure achève mes destins,
Qu'on me traite partout du plus grand des faquins,
S'il est aucun respect ni pouvoir qui m'arrête,
Et si je ne fais pas quelque coup de ma tête !

DORINE

De grâce, modérez un tel emportement,
Votre père n'a fait qu'en parler simplement :
On n'exécute pas tout ce qui se propose,
Et le chemin est long du projet à la chose.

DAMIS

Il faut que de ce fat j'arrête les complots,
Et qu'à l'oreille un peu je lui dise deux mots.

DORINE

Ha ! tout doux ; envers lui, comme envers votre père,
Laissez agir les soins de votre belle-mère.
Sur l'esprit de Tartuffe elle a quelque crédit ;
Il se rend complaisant à tout ce qu'elle dit,
Et pourrait bien avoir douceur de cœur pour elle.
Plût à Dieu qu'il fût vrai ! la chose serait belle.
Enfin votre intérêt l'oblige à le mander ;
Sur l'hymen qui vous trouble elle veut le sonder,
Savoir ses sentiments, et lui faire connaître
Quels fâcheux démêlés il pourra faire naître,
S'il faut qu'à ce dessein il prête quelque espoir.

Son valet dit qu'il prie, et je n'ai pu le voir ;
Mais ce valet m'a dit qu'il s'en allait descendre.
Sortez donc, je vous prie, et me laissez l'attendre.

DAMIS
Je puis être présent à tout cet entretien.

DORINE
Point, il faut qu'ils soient seuls.

DAMIS
Je ne lui dirai rien.

DORINE
Vous vous moquez ; on sait vos transports ordinaires,
Et c'est le vrai moyen de gâter les affaires.
Sortez.

DAMIS
Non : je veux voir, sans me mettre en courroux.

DORINE
Que vous êtes fâcheux ! Il vient ; retirez-vous.

Scène II

TARTUFFE, LAURENT, DORINE

TARTUFFE,
apercevant Dorine.
Laurent, serrez ma haire avec ma discipline,
Et priez que toujours le Ciel vous illumine.
Si l'on vient pour me voir, je vais aux prisonniers
Des aumônes que j'ai partager les deniers.

DORINE
Que d'affectation et de forfanterie !

TARTUFFE
Que voulez-vous ?

DORINE

Vous dire…

TARTUFFE

Il tire un mouchoir de sa poche.

Ah ! mon Dieu, je vous prie,
Avant que de parler prenez-moi ce mouchoir.

DORINE

Comment ?

TARTUFFE

Couvrez ce sein que je ne saurais voir.
Par de pareils objets les âmes sont blessées,
Et cela fait venir de coupables pensées.

DORINE

Vous êtes donc bien tendre à la tentation,
Et la chair sur vos sens fait grande impression ?
Certes, je ne sais pas quelle chaleur vous monte :
Mais à convoiter, moi, je ne suis point si prompte ;
Et je vous verrais nu du haut jusques en bas,
Que toute votre peau ne me tenterait pas.

TARTUFFE

Mettez dans vos discours un peu de modestie,
Ou je vais sur-le-champ vous quitter la partie.

DORINE

Non, non, c'est moi qui vais vous laisser en repos,
Et je n'ai seulement qu'à vous dire deux mots.
Madame va venir dans cette salle basse,
Et d'un mot d'entretien vous demande la grâce.

TARTUFFE

Hélas ! très volontiers.

DORINE,

en soi-même.

Comme il se radoucit !
Ma foi, je suis toujours pour ce que j'en ai dit.

TARTUFFE

Viendra-t-elle bientôt ?

DORINE

Je l'entends, ce me semble.
Oui, c'est elle en personne, et je vous laisse ensemble.

Scène III

ELMIRE, TARTUFFE

TARTUFFE

Que le Ciel à jamais par sa toute bonté
Et de l'âme et du corps vous donne la santé,
Et bénisse vos jours autant que le désire
Le plus humble de ceux que son amour inspire !

ELMIRE

Je suis fort obligée à ce souhait pieux ;
Mais prenons une chaise, afin d'être un peu mieux.

TARTUFFE

Comment de votre mal vous sentez-vous remise ?

ELMIRE

Fort bien ; et cette fièvre a bientôt quitté prise.

TARTUFFE

Mes prières n'ont pas le mérite qu'il faut
Pour avoir attiré cette grâce d'en haut ;
Mais je n'ai fait au Ciel nulle dévote instance
Qui n'ait eu pour objet votre convalescence.

ELMIRE

Votre zèle pour moi s'est trop inquiété.

TARTUFFE

On ne peut trop chérir votre chère santé,
Et pour la rétablir j'aurais donné la mienne.

ELMIRE

C'est pousser bien avant la charité chrétienne,
Et je vous dois beaucoup pour toutes ces bontés.

TARTUFFE

Je fais bien moins pour vous que vous ne méritez.

ELMIRE

J'ai voulu vous parler en secret d'une affaire,
Et suis bien aise ici qu'aucun ne nous éclaire.

TARTUFFE

J'en suis ravi de même ; et sans doute il m'est doux,
Madame, de me voir seul à seul avec vous.
C'est une occasion qu'au Ciel j'ai demandée,
Sans que jusqu'à cette heure il me l'ait accordée.

ELMIRE

Pour moi, ce que je veux, c'est un mot d'entretien,
Où tout votre cœur s'ouvre et ne me cache rien.

TARTUFFE

Et je ne veux aussi pour grâce singulière
Que montrer à vos yeux mon âme tout entière,
Et vous faire serment que les bruits que j'ai faits
Des visites qu'ici reçoivent vos attraits
Ne sont pas envers vous l'effet d'aucune haine,
Mais plutôt d'un transport de zèle qui m'entraîne,
Et d'un pur mouvement...

ELMIRE

Je le prends bien aussi,
Et crois que mon salut vous donne ce souci.

TARTUFFE

Il lui serre le bout des doigts.

Oui, Madame, sans doute ; et ma ferveur est telle...

ELMIRE

Ouf ! vous me serrez trop.

TARTUFFE

C'est par excès de zèle.
De vous faire autre mal je n'eus jamais dessein,
Et j'aurais bien plutôt...

Il lui met la main sur le genou.

ELMIRE

Que fait là votre main ?

TARTUFFE

Je tâte votre habit ; l'étoffe en est moelleuse.

ELMIRE

Ah ! de grâce, laissez, je suis fort chatouilleuse.

Elle recule sa chaise, et Tartuffe rapproche la sienne.

TARTUFFE

Mon Dieu ! que de ce point l'ouvrage est merveilleux !
On travaille aujourd'hui d'un air miraculeux ;
Jamais, en toute chose, on n'a vu si bien faire.

ELMIRE

Il est vrai. Mais parlons un peu de notre affaire.
On tient que mon mari veut dégager sa foi,
Et vous donner sa fille ; est-il vrai, dites-moi ?

TARTUFFE

Il m'en a dit deux mots ; mais, Madame, à vrai dire,
Ce n'est pas le bonheur après quoi je soupire ;
Et je vois autre part les merveilleux attraits
De la félicité qui fait tous mes souhaits.

ELMIRE

C'est que vous n'aimez rien des choses de la terre.

TARTUFFE

Mon sein n'enferme pas un cœur qui soit de pierre.

ELMIRE

Pour moi, je crois qu'au Ciel tendent tous vos soupirs,
Et que rien ici-bas n'arrête vos désirs.

TARTUFFE

L'amour qui nous attache aux beautés éternelles
N'étouffe pas en nous l'amour des temporelles.
Nos sens facilement peuvent être charmés
Des ouvrages parfaits que le Ciel a formés.
Ses attraits réfléchis brillent dans vos pareilles;
Mais il étale en vous ses plus rares merveilles.
Il a sur votre face épanché des beautés
Dont les yeux sont surpris, et les cœurs transportés,
Et je n'ai pu vous voir, parfaite créature,
Sans admirer en vous l'auteur de la nature,
Et d'une ardente amour sentir mon cœur atteint,
Au plus beau des portraits où lui-même il s'est peint.
D'abord, j'appréhendai que cette ardeur secrète
Ne fût du noir esprit une surprise adroite;
Et même à fuir vos yeux mon cœur se résolut,
Vous croyant un obstacle à faire mon salut.
Mais enfin je connus, ô beauté toute aimable,
Que cette passion peut n'être point coupable,
Que je puis l'ajuster avecque la pudeur,
Et c'est ce qui m'y fait abandonner mon cœur.
Ce m'est, je le confesse, une audace bien grande
Que d'oser de ce cœur vous adresser l'offrande;
Mais j'attends en mes vœux tout de votre bonté,
Et rien des vains efforts de mon infirmité.
En vous est mon espoir, mon bien, ma quiétude:
De vous dépend ma peine ou ma béatitude;
Et je vais être enfin, par votre seul arrêt,
Heureux, si vous voulez, malheureux, s'il vous plaît.

ELMIRE

La déclaration est tout à fait galante,
Mais elle est, à vrai dire, un peu bien surprenante.
Vous deviez, ce me semble, armer mieux votre sein,
Et raisonner un peu sur un pareil dessein.

Un dévot comme vous, et que partout on nomme…

TARTUFFE

Ah ! pour être dévot, je n'en suis pas moins homme ;
Et lorsqu'on vient à voir vos célestes appas,
Un cœur se laisse prendre, et ne raisonne pas.
Je sais qu'un tel discours de moi paraît étrange ;
Mais, Madame, après tout, je ne suis pas un ange ;
Et si vous condamnez l'aveu que je vous fais,
Vous devez vous en prendre à vos charmants attraits.
Dès que j'en vis briller la splendeur plus qu'humaine,
De mon intérieur vous fûtes souveraine.
De vos regards divins l'ineffable douceur
Força la résistance où s'obstinait mon cœur ;
Elle surmonta tout, jeûnes, prières, larmes,
Et tourna tous mes vœux du côté de vos charmes.
Mes yeux et mes soupirs vous l'ont dit mille fois ;
Et pour mieux m'expliquer j'emploie ici la voix.
Que si vous contemplez d'une âme un peu bénigne
Les tribulations de votre esclave indigne,
S'il faut que vos bontés veuillent me consoler
Et jusqu'à mon néant daignent se ravaler,
J'aurai toujours pour vous, ô suave merveille,
Une dévotion à nulle autre pareille.
Votre honneur avec moi ne court point de hasard,
Et n'a nulle disgrâce à craindre de ma part.
Tous ces galants de cour, dont les femmes sont folles,
Sont bruyants dans leurs faits et vains dans leurs paroles.
De leurs progrès sans cesse on les voit se targuer ;
Ils n'ont point de faveurs qu'ils n'aillent divulguer,
Et leur langue indiscrète, en qui l'on se confie,
Déshonore l'autel où leur cœur sacrifie.
Mais les gens comme nous brûlent d'un feu discret,
Avec qui pour toujours on est sûr du secret.
Le soin que nous prenons de notre renommée
Répond de toute chose à la personne aimée ;
Et c'est en nous qu'on trouve, acceptant notre cœur,
De l'amour sans scandale et du plaisir sans peur.

ELMIRE

Je vous écoute dire, et votre rhétorique
En termes assez forts à mon âme s'explique.
N'appréhendez-vous point que je ne sois d'humeur
À dire à mon mari cette galante ardeur ?
Et que le prompt avis d'un amour de la sorte
Ne pût bien altérer l'amitié qu'il vous porte ?

TARTUFFE

Je sais que vous avez trop de bénignité,
Et que vous ferez grâce à ma témérité,
Que vous m'excuserez sur l'humaine faiblesse
Des violents transports d'un amour qui vous blesse,
Et considérerez, en regardant votre air,
Que l'on n'est pas aveugle, et qu'un homme est de chair.

ELMIRE

D'autres prendraient cela d'autre façon peut-être ;
Mais ma discrétion se veut faire paraître.
Je ne redirai point l'affaire à mon époux ;
Mais je veux en revanche une chose de vous :
C'est de presser tout franc et sans nulle chicane
L'union de Valère avecque Mariane,
De renoncer vous-même à l'injuste pouvoir
Qui veut du bien d'un autre enrichir votre espoir,
Et…

Scène IV

DAMIS, ELMIRE, TARTUFFE

DAMIS,

sortant du petit cabinet où il s'était retiré.

Non, Madame, non ; ceci doit se répandre.
J'étais en cet endroit, d'où j'ai pu tout entendre ;
Et la bonté du Ciel m'y semble avoir conduit
Pour confondre l'orgueil d'un traître qui me nuit,

Pour m'ouvrir une voie à prendre la vengeance
De son hypocrisie et de son insolence,
À détromper mon père, et lui mettre en plein jour
L'âme d'un scélérat qui vous parle d'amour.

ELMIRE

Non, Damis : il suffit qu'il se rende plus sage,
Et tâche à mériter la grâce où je m'engage.
Puisque je l'ai promis, ne m'en dédites pas.
Ce n'est point mon humeur de faire des éclats ;
Une femme se rit de sottises pareilles,
Et jamais d'un mari n'en trouble les oreilles.

DAMIS

Vous avez vos raisons pour en user ainsi,
Et pour faire autrement j'ai les miennes aussi.
Le vouloir épargner est une raillerie ;
Et l'insolent orgueil de sa cagoterie
N'a triomphé que trop de mon juste courroux,
Et que trop excité de désordre chez nous.
Le fourbe trop longtemps a gouverné mon père,
Et desservi mes feux avec ceux de Valère.
Il faut que du perfide il soit désabusé,
Et le Ciel pour cela m'offre un moyen aisé.
De cette occasion je lui suis redevable,
Et pour la négliger, elle est trop favorable.
Ce serait mériter qu'il me la vînt ravir
Que de l'avoir en main et ne m'en pas servir.

ELMIRE

Damis...

DAMIS

Non, s'il vous plaît, il faut que je me croie.
Mon âme est maintenant au comble de sa joie ;
Et vos discours en vain prétendent m'obliger
À quitter le plaisir de me pouvoir venger.
Sans aller plus avant, je vais vuider d'affaire ;
Et voici justement de quoi me satisfaire.

Scène V

ORGON, DAMIS, TARTUFFE, ELMIRE

DAMIS

Nous allons régaler, mon père, votre abord
D'un incident tout frais qui vous surprendra fort.
Vous êtes bien payé de toutes vos caresses,
Et Monsieur d'un beau prix reconnaît vos tendresses.
Son grand zèle pour vous vient de se déclarer.
Il ne va pas à moins qu'à vous déshonorer;
Et je l'ai surpris là qui faisait à Madame
L'injurieux aveu d'une coupable flamme.
Elle est d'une humeur douce, et son cœur trop discret
Voulait à toute force en garder le secret;
Mais je ne puis flatter une telle impudence,
Et crois que vous la taire est vous faire une offense.

ELMIRE

Oui, je tiens que jamais de tous ces vains propos
On ne doit d'un mari traverser le repos,
Que ce n'est point de là que l'honneur peut dépendre,
Et qu'il suffit pour nous de savoir nous défendre.
Ce sont mes sentiments; et vous n'auriez rien dit,
Damis, si j'avais eu sur vous quelque crédit.

Scène VI

ORGON, DAMIS, TARTUFFE

ORGON

Ce que je viens d'entendre, ô Ciel! est-il croyable?

TARTUFFE

Oui, mon frère, je suis un méchant, un coupable,
Un malheureux pécheur, tout plein d'iniquité,
Le plus grand scélérat qui jamais ait été;

Chaque instant de ma vie est chargé de souillures ;
Elle n'est qu'un amas de crimes et d'ordures ;
Et je vois que le Ciel, pour ma punition,
Me veut mortifier en cette occasion.
De quelque grand forfait qu'on me puisse reprendre,
Je n'ai garde d'avoir l'orgueil de m'en défendre.
Croyez ce qu'on vous dit, armez votre courroux,
Et comme un criminel chassez-moi de chez vous.
Je ne saurais avoir tant de honte en partage,
Que je n'en aie encor mérité davantage.

ORGON,
à son fils.

Ah ! traître, oses-tu bien par cette fausseté
Vouloir de sa vertu ternir la pureté ?

DAMIS

Quoi ! la feinte douceur de cette âme hypocrite
Vous fera démentir...

ORGON

Tais-toi, peste maudite.

TARTUFFE

Ah ! laissez-le parler : vous l'accusez à tort,
Et vous ferez bien mieux de croire à son rapport.
Pourquoi sur un tel fait m'être si favorable ?
Savez-vous, après tout, de quoi je suis capable ?
Vous fiez-vous, mon frère, à mon extérieur ?
Et, pour tout ce qu'on voit, me croyez-vous meilleur ?
Non, non, vous vous laissez tromper à l'apparence,
Et je ne suis rien moins, hélas ! que ce qu'on pense.
Tout le monde me prend pour un homme de bien ;
Mais la vérité pure est que je ne vaux rien.

S'adressant à Damis.

Oui, mon cher fils, parlez, traitez-moi de perfide,
D'infâme, de perdu, de voleur, d'homicide.
Accablez-moi de noms encor plus détestés.
Je n'y contredis point, je les ai mérités,

Et j'en veux à genoux souffrir l'ignominie,
Comme une honte due aux crimes de ma vie.

ORGON,
à Tartuffe.

Mon frère, c'en est trop.

À son fils.

Ton cœur ne se rend point,
Traître ?

DAMIS

Quoi ! ses discours vous séduiront au point…

ORGON

Tais-toi, pendard.

À Tartuffe.

Mon frère, eh ! levez-vous, de grâce !

À son fils.

Infâme !

DAMIS

Il peut…

ORGON

Tais-toi.

DAMIS

J'enrage ! Quoi ! je passe…

ORGON

Si tu dis un seul mot, je te romprai les bras.

TARTUFFE

Mon frère, au nom de Dieu, ne vous emportez pas.
J'aimerais mieux souffrir la peine la plus dure
Qu'il eût reçu pour moi la moindre égratignure.

ORGON

À son fils.

Ingrat !

TARTUFFE

Laissez-le en paix. S'il faut à deux genoux
Vous demander sa grâce...

ORGON,
à Tartuffe.

Hélas ! vous moquez-vous ?

À son fils.

Coquin ! vois sa bonté.

DAMIS

Donc...

ORGON

Paix.

DAMIS

Quoi ! je...

ORGON

Paix, dis-je.
Je sais bien quel motif à l'attaquer t'oblige.
Vous le haïssez tous ; et je vois aujourd'hui
Femme, enfants et valets déchaînés contre lui.
On met impudemment toute chose en usage,
Pour ôter de chez moi ce dévot personnage.
Mais plus on fait d'effort afin de l'en bannir,
Plus j'en veux employer à l'y mieux retenir ;
Et je vais me hâter de lui donner ma fille,
Pour confondre l'orgueil de toute ma famille.

DAMIS

À recevoir sa main on pense l'obliger ?

ORGON

Oui, traître, et dès ce soir, pour vous faire enrager.
Ah ! je vous brave tous, et vous ferai connaître
Qu'il faut qu'on m'obéisse et que je suis le maître.
Allons, qu'on se rétracte, et qu'à l'instant, fripon,
On se jette à ses pieds pour demander pardon.

DAMIS

Qui, moi ? de ce coquin, qui par ses impostures...

ORGON

Ah ! tu résistes, gueux, et lui dis des injures ?
Un bâton ! un bâton !

À Tartuffe.

Ne me retenez pas.

À son fils.

Sus, que de ma maison on sorte de ce pas,
Et que d'y revenir on n'ait jamais l'audace.

DAMIS

Oui, je sortirai ; mais...

ORGON

Vite, quittons la place.
Je te prive, pendard, de ma succession,
Et te donne de plus ma malédiction.

Scène VII

ORGON, TARTUFFE

ORGON

Offenser de la sorte une sainte personne !

TARTUFFE

Ô Ciel ! pardonne-lui la douleur qu'il me donne.

À Orgon.

Si vous pouviez savoir avec quel déplaisir
Je vois qu'envers mon frère on tâche à me noircir…

ORGON

Hélas !

TARTUFFE

Le seul penser de cette ingratitude
Fait souffrir à mon âme un supplice si rude…
L'horreur que j'en conçois… J'ai le cœur si serré
Que je ne puis parler, et crois que j'en mourrai.

ORGON

Il court tout en larmes à la porte par où il a chassé son fils.

Coquin ! je me repens que ma main t'ait fait grâce,
Et ne t'ait pas d'abord assommé sur la place.
Remettez-vous, mon frère, et ne vous fâchez pas.

TARTUFFE

Rompons, rompons le cours de ces fâcheux débats.
Je regarde céans quels grands troubles j'apporte,
Et crois qu'il est besoin, mon frère, que j'en sorte.

ORGON

Comment ? vous moquez-vous ?

TARTUFFE

On m'y hait, et je vois
Qu'on cherche à vous donner des soupçons de ma foi.

ORGON

Qu'importe ? Voyez-vous que mon cœur les écoute ?

TARTUFFE

On ne manquera pas de poursuivre, sans doute ;
Et ces mêmes rapports qu'ici vous rejetez

Peut-être une autre fois seront-ils écoutés.

ORGON

Non, mon frère, jamais.

TARTUFFE

Ah ! mon frère, une femme
Aisément d'un mari peut bien surprendre l'âme.

ORGON

Non, non.

TARTUFFE

Laissez-moi vite, en m'éloignant d'ici,
Leur ôter tout sujet de m'attaquer ainsi.

ORGON

Non, vous demeurerez ; il y va de ma vie.

TARTUFFE

Hé bien ! il faudra donc que je me mortifie.
Pourtant, si vous vouliez...

ORGON

Ah !

TARTUFFE

Soit : n'en parlons plus.
Mais je sais comme il faut en user là-dessus.
L'honneur est délicat, et l'amitié m'engage
À prévenir les bruits et les sujets d'ombrage.
Je fuirai votre épouse, et vous ne me verrez...

ORGON

Non, en dépit de tous, vous la fréquenterez.
Faire enrager le monde est ma plus grande joie,
Et je veux qu'à toute heure avec elle on vous voie.
Ce n'est pas tout encor ; pour les mieux braver tous,
Je ne veux point avoir d'autre héritier que vous ;
Et je vais de ce pas, en fort bonne manière,
Vous faire de mon bien donation entière.
Un bon et franc ami, que pour gendre je prends,

M'est bien plus cher que fils, que femme, et que parents.
N'accepterez-vous pas ce que je vous propose ?

TARTUFFE

La volonté du Ciel soit faite en toute chose.

ORGON

Le pauvre homme ! Allons vite en dresser un écrit,
Et que puisse l'envie en crever de dépit !

ACTE IV

Scène première

CLÉANTE, TARTUFFE

CLÉANTE

Oui, tout le monde en parle, et vous m'en pouvez croire.
L'éclat que fait ce bruit n'est point à votre gloire ;
Et je vous ai trouvé, Monsieur, fort à propos,
Pour vous en dire net ma pensée en deux mots.
Je n'examine point à fond ce qu'on expose,
Je passe là-dessus, et prends au pis la chose.
Supposons que Damis n'en ait pas bien usé,
Et que ce soit à tort qu'on vous ait accusé :
N'est-il pas d'un chrétien de pardonner l'offense,
Et d'éteindre en son cœur tout désir de vengeance ?
Et devez-vous souffrir, pour votre démêlé,
Que du logis d'un père un fils soit exilé ?
Je vous le dis encore, et parle avec franchise,
Il n'est petit ni grand qui ne s'en scandalise ;
Et si vous m'en croyez, vous pacifierez tout,
Et ne pousserez point les affaires à bout.
Sacrifiez à Dieu toute votre colère,
Et remettez le fils en grâce avec le père.

TARTUFFE

Hélas ! je le voudrais, quant à moi, de bon cœur ;
Je ne garde pour lui, Monsieur, aucune aigreur ;
Je lui pardonne tout, de rien je ne le blâme,
Et voudrais le servir du meilleur de mon âme ;
Mais l'intérêt du Ciel n'y saurait consentir,
Et s'il rentre céans, c'est à moi d'en sortir.

Après son action, qui n'eut jamais d'égale,
Le commerce entre nous porterait du scandale :
Dieu sait ce que d'abord tout le monde en croirait ;
À pure politique on me l'imputerait ;
Et l'on dirait partout que, me sentant coupable,
Je feins pour qui m'accuse un zèle charitable,
Que mon cœur l'appréhende et veut le ménager,
Pour le pouvoir sous main au silence engager.

CLÉANTE

Vous nous payez ici d'excuses colorées,
Et toutes vos raisons, Monsieur, sont trop tirées.
Des intérêts du Ciel pourquoi vous chargez-vous ?
Pour punir le coupable a-t-il besoin de nous ?
Laissez-lui, laissez-lui le soin de ses vengeances,
Ne songez qu'au pardon qu'il prescrit des offenses ;
Et ne regardez point aux jugements humains,
Quand vous suivez du Ciel les ordres souverains.
Quoi ! le faible intérêt de ce qu'on pourra croire
D'une bonne action empêchera la gloire ?
Non, non, faisons toujours ce que le Ciel prescrit,
Et d'aucun autre soin ne nous brouillons l'esprit.

TARTUFFE

Je vous ai déjà dit que mon cœur lui pardonne,
Et c'est faire, Monsieur, ce que le Ciel ordonne ;
Mais après le scandale et l'affront d'aujourd'hui,
Le Ciel n'ordonne pas que je vive avec lui.

CLÉANTE

Et vous ordonne-t-il, Monsieur, d'ouvrir l'oreille
À ce qu'un pur caprice à son père conseille ?
Et d'accepter le don qui vous est fait d'un bien
Où le droit vous oblige à ne prétendre rien ?

TARTUFFE

Ceux qui me connaîtront n'auront pas la pensée
Que ce soit un effet d'une âme intéressée.
Tous les biens de ce monde ont pour moi peu d'appas,
De leur éclat trompeur je ne m'éblouis pas ;

Et si je me résous à recevoir du père
Cette donation qu'il a voulu me faire,
Ce n'est, à dire vrai, que parce que je crains
Que tout ce bien ne tombe en de méchantes mains,
Qu'il ne trouve des gens qui, l'ayant en partage,
En fassent dans le monde un criminel usage,
Et ne s'en servent pas, ainsi que j'ai dessein,
Pour la gloire du Ciel et le bien du prochain.

CLÉANTE

Eh, Monsieur, n'ayez point ces délicates craintes,
Qui d'un juste héritier peuvent causer les plaintes.
Souffrez, sans vous vouloir embarrasser de rien,
Qu'il soit à ses périls possesseur de son bien;
Et songez qu'il vaut mieux encor qu'il en mésuse
Que si de l'en frustrer il faut qu'on vous accuse.
J'admire seulement que sans confusion
Vous en ayez souffert la proposition:
Car enfin le vrai zèle a-t-il quelque maxime
Qui montre à dépouiller l'héritier légitime?
Et s'il faut que le Ciel dans votre cœur ait mis
Un invincible obstacle à vivre avec Damis,
Ne vaudrait-il pas mieux qu'en personne discrète
Vous fissiez de céans une honnête retraite
Que de souffrir ainsi, contre toute raison,
Qu'on en chasse pour vous le fils de la maison?
Croyez-moi, c'est donner de votre prud'homie,
Monsieur…

TARTUFFE

Il est, Monsieur, trois heures et demie;
Certain devoir pieux me demande là-haut,
Et vous m'excuserez de vous quitter si tôt.

CLÉANTE

Ah!

Scène II

ELMIRE, MARIANE, DORINE, CLÉANTE

DORINE

De grâce, avec nous employez-vous pour elle.
Monsieur, son âme souffre une douleur mortelle ;
Et l'accord que son père a conclu pour ce soir
La fait, à tous moments, entrer en désespoir.
Il va venir ; joignons nos efforts, je vous prie,
Et tâchons d'ébranler, de force ou d'industrie,
Ce malheureux dessein qui nous a tous troublés.

Scène III

ORGON, ELMIRE, MARIANE, CLÉANTE, DORINE

ORGON

Ha ! je me réjouis de vous voir assemblés :

À Mariane.

Je porte en ce contrat de quoi vous faire rire,
Et vous savez déjà ce que cela veut dire.

MARIANE,
à genoux.

Mon père, au nom du Ciel, qui connaît ma douleur,
Et par tout ce qui peut émouvoir votre cœur,
Relâchez-vous un peu des droits de la naissance,
Et dispensez mes vœux de cette obéissance.
Ne me réduisez point par cette dure loi
Jusqu'à me plaindre au Ciel de ce que je vous dois,
Et cette vie, hélas ! que vous m'avez donnée,
Ne me la rendez pas, mon père, infortunée.
Si, contre un doux espoir que j'avais pu former,
Vous me défendez d'être à ce que j'ose aimer,

Au moins, par vos bontés, qu'à vos genoux j'implore,
Sauvez-moi du tourment d'être à ce que j'abhorre,
Et ne me portez point à quelque désespoir,
En vous servant sur moi de tout votre pouvoir.

ORGON,
se sentant attendrir.

Allons, ferme, mon cœur, point de faiblesse humaine.

MARIANE

Vos tendresses pour lui ne me font point de peine;
Faites-les éclater, donnez-lui votre bien,
Et, si ce n'est assez, joignez-y tout le mien;
J'y consens de bon cœur, et je vous l'abandonne;
Mais au moins n'allez pas jusques à ma personne,
Et souffrez qu'un couvent dans les austérités
Use les tristes jours que le Ciel m'a comptés.

ORGON

Ah! voilà justement de mes religieuses,
Lorsqu'un père combat leurs flammes amoureuses.
Debout! Plus votre cœur répugne à l'accepter,
Plus ce sera pour vous matière à mériter:
Mortifiez vos sens avec ce mariage,
Et ne me rompez pas la tête davantage.

DORINE

Mais quoi...

ORGON

Taisez-vous, vous. Parlez à votre écot;
Je vous défends tout net d'oser dire un seul mot.

CLÉANTE

Si par quelque conseil vous souffrez qu'on réponde...

ORGON

Mon frère, vos conseils sont les meilleurs du monde,
Ils sont bien raisonnés, et j'en fais un grand cas;
Mais vous trouverez bon que je n'en use pas.

ELMIRE,

à son mari.

À voir ce que je vois, je ne sais plus que dire,
Et votre aveuglement fait que je vous admire.
C'est être bien coiffé, bien prévenu de lui,
Que de nous démentir sur le fait d'aujourd'hui.

ORGON

Je suis votre valet, et crois les apparences.
Pour mon fripon de fils je sais vos complaisances
Et vous avez eu peur de le désavouer
Du trait qu'à ce pauvre homme il a voulu jouer.
Vous étiez trop tranquille enfin pour être crue,
Et vous auriez paru d'autre manière émue.

ELMIRE

Est-ce qu'au simple aveu d'un amoureux transport
Il faut que notre honneur se gendarme si fort ?
Et ne peut-on répondre à tout ce qui le touche
Que le feu dans les yeux et l'injure à la bouche ?
Pour moi, de tels propos je me ris simplement,
Et l'éclat là-dessus ne me plaît nullement ;
J'aime qu'avec douceur nous nous montrions sages,
Et ne suis point du tout pour ces prudes sauvages
Dont l'honneur est armé de griffes et de dents,
Et veut au moindre mot dévisager les gens.
Me préserve le Ciel d'une telle sagesse !
Je veux une vertu qui ne soit point diablesse,
Et crois que d'un refus la discrète froideur
N'en est pas moins puissante à rebuter un cœur.

ORGON

Enfin je sais l'affaire et ne prends point le change.

ELMIRE

J'admire, encore un coup, cette faiblesse étrange.
Mais que me répondrait votre incrédulité
Si je vous faisais voir qu'on vous dit vérité ?

ORGON

Voir?

ELMIRE

Oui.

ORGON

Chansons.

ELMIRE

Mais quoi! si je trouvais manière
De vous le faire voir avec pleine lumière?

ORGON

Contes en l'air.

ELMIRE

Quel homme! Au moins répondez-moi.
Je ne vous parle pas de nous ajouter foi;
Mais supposons ici que, d'un lieu qu'on peut prendre,
On vous fît clairement tout voir et tout entendre,
Que diriez-vous alors de votre homme de bien?

ORGON

En ce cas, je dirais que… Je ne dirais rien,
Car cela ne se peut.

ELMIRE

L'erreur trop longtemps dure,
Et c'est trop condamner ma bouche d'imposture.
Il faut que par plaisir, et sans aller plus loin,
De tout ce qu'on vous dit je vous fasse témoin.

ORGON

Soit; je vous prends au mot. Nous verrons votre adresse,
Et comment vous pourrez remplir cette promesse.

ELMIRE

Faites-le-moi venir.

DORINE

Son esprit est rusé,
Et peut-être à surprendre il sera malaisé.

ELMIRE

Non ; on est aisément dupé par ce qu'on aime ;
Et l'amour-propre engage à se tromper soi-même.
Faites-le-moi descendre ;

Parlant à Cléante et à Mariane.

Et vous, retirez-vous.

Scène IV

ELMIRE, ORGON

ELMIRE

Approchons cette table, et vous mettez dessous.

ORGON

Comment ?

ELMIRE

Vous bien cacher est un point nécessaire.

ORGON

Pourquoi sous cette table ?

ELMIRE

Ah ! mon Dieu, laissez faire ;
J'ai mon dessein en tête, et vous en jugerez.
Mettez-vous là, vous dis-je ; et quand vous y serez,
Gardez qu'on ne vous voie et qu'on ne vous entende.

ORGON

Je confesse qu'ici ma complaisance est grande ;
Mais de votre entreprise il vous faut voir sortir.

ELMIRE

Vous n'aurez, que je crois, rien à me repartir.

À son mari qui est sous la table.

Au moins, je vais toucher une étrange matière ;

Ne vous scandalisez en aucune manière.
Quoi que je puisse dire, il doit m'être permis,
Et c'est pour vous convaincre, ainsi que j'ai promis.
Je vais par des douceurs, puisque j'y suis réduite,
Faire poser le masque à cette âme hypocrite,
Flatter de son amour les désirs effrontés,
Et donner un champ libre à ses témérités.
Comme c'est pour vous seul, et pour mieux le confondre,
Que mon âme à ses vœux va feindre de répondre,
J'aurai lieu de cesser dès que vous vous rendrez,
Et les choses n'iront que jusqu'où vous voudrez.
C'est à vous d'arrêter son ardeur insensée,
Quand vous croirez l'affaire assez avant poussée,
D'épargner votre femme, et de ne m'exposer
Qu'à ce qu'il vous faudra pour vous désabuser.
Ce sont vos intérêts; vous en serez le maître,
Et… L'on vient; tenez-vous, et gardez de paraître.

Scène v

TARTUFFE, ELMIRE, ORGON

TARTUFFE

On m'a dit qu'en ce lieu vous me vouliez parler.

ELMIRE

Oui, l'on a des secrets à vous y révéler.
Mais tirez cette porte avant qu'on vous les dise,
Et regardez partout de crainte de surprise:
Une affaire pareille à celle de tantôt
N'est pas assurément ici ce qu'il nous faut.
Jamais il ne s'est vu de surprise de même;
Damis m'a fait pour vous une frayeur extrême,
Et vous avez bien vu que j'ai fait mes efforts
Pour rompre son dessein et calmer ses transports.
Mon trouble, il est bien vrai, m'a si fort possédée
Que de le démentir je n'ai point eu l'idée;

Mais par là, grâce au Ciel, tout a bien mieux été,
Et les choses en sont dans plus de sûreté.
L'estime où l'on vous tient a dissipé l'orage,
Et mon mari de vous ne peut prendre d'ombrage.
Pour mieux braver l'éclat des mauvais jugements,
Il veut que nous soyons ensemble à tous moments;
Et c'est par où je puis, sans peur d'être blâmée,
Me trouver ici seule avec vous enfermée,
Et ce qui m'autorise à vous ouvrir un cœur
Un peu trop prompt peut-être à souffrir votre ardeur.

TARTUFFE

Ce langage à comprendre est assez difficile,
Madame, et vous parliez tantôt d'un autre style.

ELMIRE

Ah! si d'un tel refus vous êtes en courroux,
Que le cœur d'une femme est mal connu de vous!
Et que vous savez peu ce qu'il veut faire entendre
Lorsque si faiblement on le voit se défendre!
Toujours notre pudeur combat dans ces moments
Ce qu'on peut nous donner de tendres sentiments.
Quelque raison qu'on trouve à l'amour qui nous dompte,
On trouve à l'avouer toujours un peu de honte;
On s'en défend d'abord; mais de l'air qu'on s'y prend,
On fait connaître assez que notre cœur se rend,
Qu'à nos vœux par honneur notre bouche s'oppose,
Et que de tels refus promettent toute chose.
C'est vous faire sans doute un assez libre aveu,
Et sur notre pudeur me ménager bien peu;
Mais puisque la parole enfin en est lâchée,
À retenir Damis me serais-je attachée,
Aurais-je, je vous prie, avec tant de douceur
Écouté tout au long l'offre de votre cœur,
Aurais-je pris la chose ainsi qu'on m'a vu faire,
Si l'offre de ce cœur n'eût eu de quoi me plaire?
Et lorsque j'ai voulu moi-même vous forcer
À refuser l'hymen qu'on venait d'annoncer,
Qu'est-ce que cette instance a dû vous faire entendre,

Que l'intérêt qu'en vous on s'avise de prendre,
Et l'ennui qu'on aurait que ce nœud qu'on résout
Vînt partager du moins un cœur que l'on veut tout?

TARTUFFE

C'est sans doute, Madame, une douceur extrême
Que d'entendre ces mots d'une bouche qu'on aime;
Leur miel dans tous mes sens fait couler à longs traits
Une suavité qu'on ne goûta jamais.
Le bonheur de vous plaire est ma suprême étude,
Et mon cœur de vos vœux fait sa béatitude;
Mais ce cœur vous demande ici la liberté
D'oser douter un peu de sa félicité.
Je puis croire ces mots un artifice honnête
Pour m'obliger à rompre un hymen qui s'apprête;
Et s'il faut librement m'expliquer avec vous,
Je ne me fierai point à des propos si doux,
Qu'un peu de vos faveurs, après quoi je soupire,
Ne vienne m'assurer tout ce qu'ils m'ont pu dire,
Et planter dans mon âme une constante foi
Des charmantes bontés que vous avez pour moi.

ELMIRE

Elle tousse pour avertir son mari.

Quoi! vous voulez aller avec cette vitesse,
Et d'un cœur tout d'abord épuiser la tendresse?
On se tue à vous faire un aveu des plus doux;
Cependant ce n'est pas encore assez pour vous,
Et l'on ne peut aller jusqu'à vous satisfaire,
Qu'aux dernières faveurs on ne pousse l'affaire?

TARTUFFE

Moins on mérite un bien, moins on l'ose espérer;
Nos vœux sur des discours ont peine à s'assurer;
On soupçonne aisément un sort tout plein de gloire,
Et l'on veut en jouir avant que de le croire.
Pour moi, qui crois si peu mériter vos bontés,
Je doute du bonheur de mes témérités;
Et je ne croirai rien que vous n'ayez, Madame,

Par des réalités su convaincre ma flamme.

ELMIRE

Mon Dieu, que votre amour en vrai tyran agit!
Et qu'en un trouble étrange il me jette l'esprit!
Que sur les cœurs il prend un furieux empire!
Et qu'avec violence il veut ce qu'il désire!
Quoi! de votre poursuite on ne peut se parer,
Et vous ne donnez pas le temps de respirer?
Sied-il bien de tenir une rigueur si grande?
De vouloir sans quartier les choses qu'on demande,
Et d'abuser ainsi par vos efforts pressants
Du faible que pour vous vous voyez qu'ont les gens?

TARTUFFE

Mais si d'un œil bénin vous voyez mes hommages,
Pourquoi m'en refuser d'assurés témoignages?

ELMIRE

Mais comment consentir à ce que vous voulez,
Sans offenser le Ciel, dont toujours vous parlez?

TARTUFFE

Si ce n'est que le Ciel qu'à mes vœux on oppose,
Lever un tel obstacle est à moi peu de chose,
Et cela ne doit pas retenir votre cœur.

ELMIRE

Mais des arrêts du Ciel on nous fait tant de peur!

TARTUFFE

Je puis vous dissiper ces craintes ridicules,
Madame, et je sais l'art de lever les scrupules.
Le Ciel défend, de vrai, certains contentements;

C'est un scélérat qui parle.

Mais on trouve avec lui des accommodements.
Selon divers besoins, il est une science
D'étendre les liens de notre conscience,
Et de rectifier le mal de l'action
Avec la pureté de notre intention.

De ces secrets, Madame, on saura vous instruire ;
Vous n'avez seulement qu'à vous laisser conduire.
Contentez mon désir, et n'ayez point d'effroi ;
Je vous réponds de tout, et prends le mal sur moi.
Vous toussez fort, Madame.

ELMIRE

Oui, je suis au supplice.

TARTUFFE

Vous plaît-il un morceau de ce jus de réglisse ?

ELMIRE

C'est un rhume obstiné, sans doute ; et je vois bien
Que tous les jus du monde ici ne feront rien.

TARTUFFE

Cela certes est fâcheux.

ELMIRE

Oui, plus qu'on ne peut dire.

TARTUFFE

Enfin votre scrupule est facile à détruire ;
Vous êtes assurée ici d'un plein secret,
Et le mal n'est jamais que dans l'éclat qu'on fait.
Le scandale du monde est ce qui fait l'offense,
Et ce n'est pas pécher que pécher en silence.

ELMIRE,
après avoir encore toussé.

Enfin je vois qu'il faut se résoudre à céder,
Qu'il faut que je consente à vous tout accorder,
Et qu'à moins de cela je ne dois point prétendre
Qu'on puisse être content, et qu'on veuille se rendre.
Sans doute, il est fâcheux d'en venir jusque-là,
Et c'est bien malgré moi que je franchis cela ;
Mais puisque l'on s'obstine à m'y vouloir réduire,
Puisqu'on ne veut point croire à tout ce qu'on peut dire,
Et qu'on veut des témoins qui soient plus convaincants,
Il faut bien s'y résoudre, et contenter les gens.

Si ce consentement porte en soi quelque offense,
Tant pis pour qui me force à cette violence;
La faute assurément n'en doit pas être à moi.

TARTUFFE

Oui, Madame, on s'en charge; et la chose de soi...

ELMIRE

Ouvrez un peu la porte, et voyez, je vous prie,
Si mon mari n'est point dans cette galerie.

TARTUFFE

Qu'est-il besoin pour lui du soin que vous prenez?
C'est un homme, entre nous, à mener par le nez.
De tous nos entretiens il est pour faire gloire,
Et je l'ai mis au point de voir tout sans rien croire.

ELMIRE

Il n'importe; sortez, je vous prie, un moment,
Et partout là dehors voyez exactement.

Scène VI

ORGON, ELMIRE

ORGON,

sortant de dessous la table.

Voilà, je vous l'avoue, un abominable homme!
Je n'en puis revenir, et tout ceci m'assomme.

ELMIRE

Quoi! vous sortez si tôt? vous vous moquez des gens.
Rentrez sous le tapis, il n'est pas encor temps;
Attendez jusqu'au bout pour voir les choses sûres,
Et ne vous fiez point aux simples conjectures.

ORGON

Non, rien de plus méchant n'est sorti de l'enfer.

ELMIRE

Mon Dieu! l'on ne doit point croire trop de léger;
Laissez-vous bien convaincre avant que de vous rendre,
Et ne vous hâtez point, de peur de vous méprendre.

Elle fait mettre son mari derrière elle.

Scène VII

TARTUFFE, ELMIRE, ORGON

TARTUFFE

Tout conspire, Madame, à mon contentement:
J'ai visité de l'œil tout cet appartement;
Personne ne s'y trouve; et mon âme ravie...

ORGON,
en l'arrêtant.

Tout doux! vous suivez trop votre amoureuse envie,
Et vous ne devez pas vous tant passionner.
Ah! ah! l'homme de bien, vous m'en voulez donner!
Comme aux tentations s'abandonne votre âme!
Vous épousiez ma fille, et convoitiez ma femme!
J'ai douté fort longtemps que ce fût tout de bon,
Et je croyais toujours qu'on changerait de ton;
Mais c'est assez avant pousser le témoignage;
Je m'y tiens, et n'en veux, pour moi, pas davantage.

ELMIRE,
à Tartuffe.

C'est contre mon humeur que j'ai fait tout ceci;
Mais on m'a mise au point de vous traiter ainsi.

TARTUFFE

Quoi! vous croyez...

ORGON

Allons, point de bruit, je vous prie;

Dénichons de céans, et sans cérémonie.

TARTUFFE

Mon dessein…

ORGON

Ces discours ne sont plus de saison ;
Il faut, tout sur-le-champ, sortir de la maison.

TARTUFFE

C'est à vous d'en sortir, vous qui parlez en maître.
La maison m'appartient, je le ferai connaître,
Et vous montrerai bien qu'en vain on a recours,
Pour me chercher querelle, à ces lâches détours,
Qu'on n'est pas où l'on pense en me faisant injure,
Que j'ai de quoi confondre et punir l'imposture,
Venger le Ciel qu'on blesse, et faire repentir
Ceux qui parlent ici de me faire sortir.

Scène VIII

ELMIRE, ORGON

ELMIRE

Quel est donc ce langage, et qu'est-ce qu'il veut dire ?

ORGON

Ma foi, je suis confus, et n'ai pas lieu de rire.

ELMIRE

Comment ?

ORGON

Je vois ma faute aux choses qu'il me dit,
Et la donation m'embarrasse l'esprit.

ELMIRE

La donation…

ORGON

Oui, c'est une affaire faite ;
Mais j'ai quelque autre chose encor qui m'inquiète.

ELMIRE

Et quoi ?

ORGON

Vous saurez tout ; mais voyons au plus tôt
Si certaine cassette est encore là-haut.

ACTE V

Scène première

ORGON, CLÉANTE

CLÉANTE

Où voulez-vous courir ?

ORGON

Las ! que sais-je ?

CLÉANTE

Il me semble
Que l'on doit commencer par consulter ensemble
Les choses qu'on peut faire en cet événement.

ORGON

Cette cassette-là me trouble entièrement.
Plus que le reste encor elle me désespère.

CLÉANTE

Cette cassette est donc un important mystère ?

ORGON

C'est un dépôt qu'Argas, cet ami que je plains,
Lui-même, en grand secret, m'a mis entre les mains.
Pour cela, dans sa fuite, il me voulut élire ;
Et ce sont des papiers, à ce qu'il m'a pu dire,
Où sa vie et ses biens se trouvent attachés.

CLÉANTE

Pourquoi donc les avoir en d'autres mains lâchés ?

ORGON

Ce fut par un motif de cas de conscience.

J'allai droit à mon traître en faire confidence,
Et son raisonnement me vint persuader
De lui donner plutôt la cassette à garder,
Afin que, pour nier, en cas de quelque enquête,
J'eusse d'un faux-fuyant la faveur toute prête,
Par où ma conscience eût pleine sûreté
À faire des serments contre la vérité.

CLÉANTE

Vous voilà mal, au moins si j'en crois l'apparence;
Et la donation, et cette confidence,
Sont, à vous en parler selon mon sentiment,
Des démarches par vous faites légèrement.
On peut vous mener loin avec de pareils gages;
Et cet homme sur vous ayant ces avantages,
Le pousser est encor grande imprudence à vous,
Et vous deviez chercher quelque biais plus doux.

ORGON

Quoi! sous un beau semblant de ferveur si touchante
Cacher un cœur si double, une âme si méchante!
Et moi qui l'ai reçu gueusant et n'ayant rien...
C'en est fait, je renonce à tous les gens de bien.
J'en aurai désormais une horreur effroyable,
Et m'en vais devenir pour eux pire qu'un diable.

CLÉANTE

Hé bien! ne voilà pas de vos emportements!
Vous ne gardez en rien les doux tempéraments.
Dans la droite raison jamais n'entre la vôtre,
Et toujours d'un excès vous vous jetez dans l'autre.
Vous voyez votre erreur, et vous avez connu
Que par un zèle feint vous étiez prévenu;
Mais pour vous corriger, quelle raison demande
Que vous alliez passer dans une erreur plus grande,
Et qu'avecque le cœur d'un perfide vaurien
Vous confondiez les cœurs de tous les gens de bien?
Quoi! parce qu'un fripon vous dupe avec audace,
Sous le pompeux éclat d'une austère grimace,

Vous voulez que partout on soit fait comme lui,
Et qu'aucun vrai dévot ne se trouve aujourd'hui ?
Laissez aux libertins ces sottes conséquences,
Démêlez la vertu d'avec ses apparences,
Ne hasardez jamais votre estime trop tôt,
Et soyez pour cela dans le milieu qu'il faut.
Gardez-vous, s'il se peut, d'honorer l'imposture,
Mais au vrai zèle aussi n'allez pas faire injure ;
Et s'il vous faut tomber dans une extrémité,
Péchez plutôt encor de cet autre côté.

Scène II

DAMIS, ORGON, CLÉANTE

DAMIS

Quoi ! mon père, est-il vrai qu'un coquin vous menace ?
Qu'il n'est point de bienfait qu'en son âme il n'efface,
Et que son lâche orgueil, trop digne de courroux,
Se fait de vos bontés des armes contre vous ?

ORGON

Oui, mon fils, et j'en sens des douleurs nonpareilles.

DAMIS

Laissez-moi, je lui veux couper les deux oreilles.
Contre son insolence on ne doit point gauchir.
C'est à moi, tout d'un coup, de vous en affranchir ;
Et pour sortir d'affaire, il faut que je l'assomme.

CLÉANTE

Voilà tout justement parler en vrai jeune homme.
Modérez, s'il vous plaît, ces transports éclatants ;
Nous vivons sous un règne et sommes dans un temps
Où par la violence on fait mal ses affaires.

Scène III

MADAME PERNELLE, MARIANE, ELMIRE, DORINE, DAMIS, ORGON, CLÉANTE

MADAME PERNELLE

Qu'est-ce ? J'apprends ici de terribles mystères.

ORGON

Ce sont des nouveautés dont mes yeux sont témoins,
Et vous voyez le prix dont sont payés mes soins.
Je recueille avec zèle un homme en sa misère,
Je le loge, et le tiens comme mon propre frère ;
De bienfaits chaque jour il est par moi chargé ;
Je lui donne ma fille et tout le bien que j'ai ;
Et dans le même temps, le perfide, l'infâme,
Tente le noir dessein de suborner ma femme ;
Et non content encor de ces lâches essais,
Il m'ose menacer de mes propres bienfaits,
Et veut, à ma ruine, user des avantages
Dont le viennent d'armer mes bontés trop peu sages,
Me chasser de mes biens, où je l'ai transféré,
Et me réduire au point d'où je l'ai retiré.

DORINE

Le pauvre homme !

MADAME PERNELLE

Mon fils, je ne puis du tout croire
Qu'il ait voulu commettre une action si noire.

ORGON

Comment ?

MADAME PERNELLE

Les gens de bien sont enviés toujours.

ORGON

Que voulez-vous donc dire avec votre discours,
Ma mère ?

MADAME PERNELLE

Que chez vous on vit d'étrange sorte,
Et qu'on ne sait que trop la haine qu'on lui porte.

ORGON

Qu'a cette haine à faire avec ce qu'on vous dit ?

MADAME PERNELLE

Je vous l'ai dit cent fois quand vous étiez petit.
La vertu dans le monde est toujours poursuivie ;
Les envieux mourront, mais non jamais l'envie.

ORGON

Mais que fait ce discours aux choses d'aujourd'hui ?

MADAME PERNELLE

On vous aura forgé cent sots contes de lui.

ORGON

Je vous ai dit déjà que j'ai vu tout moi-même.

MADAME PERNELLE

Des esprits médisants la malice est extrême.

ORGON

Vous me feriez damner, ma mère. Je vous dis
Que j'ai vu de mes yeux un crime si hardi.

MADAME PERNELLE

Les langues ont toujours du venin à répandre,
Et rien n'est ici-bas qui s'en puisse défendre.

ORGON

C'est tenir un propos de sens bien dépourvu !
Je l'ai vu, dis-je, vu, de mes propres yeux vu,
Ce qu'on appelle vu : faut-il vous le rebattre
Aux oreilles cent fois, et crier comme quatre ?

MADAME PERNELLE

Mon Dieu, le plus souvent l'apparence déçoit.
Il ne faut pas toujours juger sur ce qu'on voit.

ORGON

J'enrage.

MADAME PERNELLE

Aux faux soupçons la nature est sujette,
Et c'est souvent à mal que le bien s'interprète.

ORGON

Je dois interpréter à charitable soin
Le désir d'embrasser ma femme ?

MADAME PERNELLE

Il est besoin,
Pour accuser les gens, d'avoir de justes causes ;
Et vous deviez attendre à vous voir sûr des choses.

ORGON

Hé ! diantre ! le moyen de m'en assurer mieux ?
Je devais donc, ma mère, attendre qu'à mes yeux
Il eût... Vous me feriez dire quelque sottise.

MADAME PERNELLE

Enfin d'un trop pur zèle on voit son âme éprise ;
Et je ne puis du tout me mettre dans l'esprit
Qu'il ait voulu tenter les choses que l'on dit.

ORGON

Allez. Je ne sais pas, si vous n'étiez ma mère,
Ce que je vous dirais, tant je suis en colère.

DORINE

Juste retour, Monsieur, des choses d'ici-bas.
Vous ne vouliez point croire, et l'on ne vous croit pas.

CLÉANTE

Nous perdons des moments en bagatelles pures,
Qu'il faudrait employer à prendre des mesures.
Aux menaces du fourbe on doit ne dormir point.

DAMIS

Quoi ! son effronterie irait jusqu'à ce point ?

ELMIRE

Pour moi, je ne crois pas cette instance possible,
Et son ingratitude est ici trop visible.

CLÉANTE

Ne vous y fiez pas : il aura des ressorts
Pour donner contre vous raison à ses efforts ;
Et sur moins que cela, le poids d'une cabale
Embarrasse les gens dans un fâcheux dédale.
Je vous le dis encore : armé de ce qu'il a,
Vous ne deviez jamais le pousser jusque-là.

ORGON

Il est vrai ; mais qu'y faire ? À l'orgueil de ce traître,
De mes ressentiments je n'ai pas été maître.

CLÉANTE

Je voudrais, de bon cœur, qu'on pût entre vous deux
De quelque ombre de paix raccommoder les nœuds.

ELMIRE

Si j'avais su qu'en main il a de telles armes,
Je n'aurais pas donné matière à tant d'alarmes,
Et mes...

ORGON

Que veut cet homme ? Allez tôt le savoir.
Je suis bien en état que l'on me vienne voir !

Scène IV

MONSIEUR LOYAL, MADAME PERNELLE, ORGON, DAMIS, MARIANE, DORINE, ELMIRE, CLÉANTE

MONSIEUR LOYAL

Bonjour, ma chère sœur. Faites, je vous supplie,
Que je parle à Monsieur.

DORINE

Il est en compagnie,
Et je doute qu'il puisse à présent voir quelqu'un.

MONSIEUR LOYAL

Je ne suis pas pour être en ces lieux importun.
Mon abord n'aura rien, je crois, qui lui déplaise ;
Et je viens pour un fait dont il sera bien aise.

DORINE

Votre nom ?

MONSIEUR LOYAL

Dites-lui seulement que je viens
De la part de Monsieur Tartuffe, pour son bien.

DORINE

C'est un homme qui vient, avec douce manière,
De la part de Monsieur Tartuffe, pour affaire
Dont vous serez, dit-il, bien aise.

CLÉANTE

Il vous faut voir
Ce que c'est que cet homme, et ce qu'il peut vouloir.

ORGON

Pour nous raccommoder il vient ici peut-être.
Quels sentiments aurai-je à lui faire paraître ?

CLÉANTE

Votre ressentiment ne doit point éclater ;
Et s'il parle d'accord, il le faut écouter.

MONSIEUR LOYAL

Salut, Monsieur. Le Ciel perde qui vous veut nuire,
Et vous soit favorable autant que je désire !

ORGON

Ce doux début s'accorde avec mon jugement,
Et présage déjà quelque accommodement.

MONSIEUR LOYAL

Toute votre maison m'a toujours été chère,

Et j'étais serviteur de Monsieur votre père.

ORGON

Monsieur, j'ai grande honte et demande pardon
D'être sans vous connaître ou savoir votre nom.

MONSIEUR LOYAL

Je m'appelle Loyal, natif de Normandie,
Et suis huissier à verge, en dépit de l'envie.
J'ai depuis quarante ans, grâce au Ciel, le bonheur
D'en exercer la charge avec beaucoup d'honneur ;
Et je vous viens, Monsieur, avec votre licence,
Signifier l'exploit de certaine ordonnance...

ORGON

Quoi ! vous êtes ici...

MONSIEUR LOYAL

Monsieur, sans passion,
Ce n'est rien seulement qu'une sommation,
Un ordre de vuider d'ici, vous et les vôtres,
Mettre vos meubles hors, et faire place à d'autres,
Sans délai ni remise, ainsi que besoin est...

ORGON

Moi, sortir de céans ?

MONSIEUR LOYAL

Oui, Monsieur, s'il vous plaît.
La maison à présent, comme savez de reste,
Au bon Monsieur Tartuffe appartient sans conteste.
De vos biens désormais il est maître et seigneur,
En vertu d'un contrat duquel je suis porteur.
Il est en bonne forme, et l'on n'y peut rien dire.

DAMIS

Certes cette impudence est grande, et je l'admire.

MONSIEUR LOYAL

Monsieur, je ne dois point avoir affaire à vous ;
C'est à Monsieur ; il est et raisonnable et doux,
Et d'un homme de bien il sait trop bien l'office,

Pour se vouloir du tout opposer à justice.

ORGON

Mais…

MONSIEUR LOYAL

Oui, Monsieur, je sais que pour un million
Vous ne voudriez pas faire rébellion,
Et que vous souffrirez, en honnête personne,
Que j'exécute ici les ordres qu'on me donne.

DAMIS

Vous pourriez bien ici sur votre noir jupon,
Monsieur l'huissier à verge, attirer le bâton.

MONSIEUR LOYAL

Faites que votre fils se taise ou se retire,
Monsieur; j'aurais regret d'être obligé d'écrire,
Et de vous voir couché dans mon procès-verbal.

DORINE

Ce Monsieur Loyal porte un air bien déloyal!

MONSIEUR LOYAL

Pour tous les gens de bien j'ai de grandes tendresses,
Et ne me suis voulu, Monsieur, charger des pièces
Que pour vous obliger et vous faire plaisir,
Que pour ôter par là le moyen d'en choisir
Qui, n'ayant pas pour vous le zèle qui me pousse,
Auraient pu procéder d'une façon moins douce.

ORGON

Et que peut-on de pis que d'ordonner aux gens
De sortir de chez eux?

MONSIEUR LOYAL

On vous donne du temps,
Et jusques à demain je ferai surséance
À l'exécution, Monsieur, de l'ordonnance.
Je viendrai seulement passer ici la nuit,
Avec dix de mes gens, sans scandale et sans bruit.
Pour la forme, il faudra, s'il vous plaît, qu'on m'apporte,

Avant que se coucher, les clefs de votre porte.
J'aurai soin de ne pas troubler votre repos,
Et de ne rien souffrir qui ne soit à propos.
Mais demain, du matin, il vous faut être habile
À vuider de céans jusqu'au moindre ustensile.
Mes gens vous aideront, et je les ai pris forts,
Pour vous faire service à tout mettre dehors.
On n'en peut pas user mieux que je fais, je pense ;
Et comme je vous traite avec grande indulgence,
Je vous conjure aussi, Monsieur, d'en user bien,
Et qu'au dû de ma charge on ne me trouble en rien.

ORGON

Du meilleur de mon cœur je donnerais sur l'heure
Les cent plus beaux louis de ce qui me demeure,
Et pouvoir, à plaisir, sur ce mufle assener
Le plus grand coup de poing qui se puisse donner.

CLÉANTE

Laissez, ne gâtons rien.

DAMIS

À cette audace étrange,
J'ai peine à me tenir, et la main me démange.

DORINE

Avec un si bon dos, ma foi, Monsieur Loyal,
Quelques coups de bâton ne vous siéraient pas mal.

MONSIEUR LOYAL

On pourrait bien punir ces paroles infâmes,
Mamie, et l'on décrète aussi contre les femmes.

CLÉANTE

Finissons tout cela, Monsieur, c'en est assez ;
Donnez tôt ce papier, de grâce, et nous laissez.

MONSIEUR LOYAL

Jusqu'au revoir. Le Ciel vous tienne tous en joie !

ORGON

Puisse-t-il te confondre, et celui qui t'envoie !

Scène V

Orgon, Cléante, Mariane, Elmire, Madame Pernelle, Dorine, Damis

ORGON
Hé bien, vous le voyez, ma mère, si j'ai droit,
Et vous pouvez juger du reste par l'exploit.
Ses trahisons enfin vous sont-elles connues ?

MADAME PERNELLE
Je suis tout ébaubie, et je tombe des nues.

DORINE
Vous vous plaignez à tort, à tort vous le blâmez,
Et ses pieux desseins par là sont confirmés.
Dans l'amour du prochain sa vertu se consomme ;
Il sait que très souvent les biens corrompent l'homme,
Et, par charité pure, il veut vous enlever
Tout ce qui vous peut faire obstacle à vous sauver.

ORGON
Taisez-vous ; c'est le mot qu'il vous faut toujours dire.

CLÉANTE
Allons voir quel conseil on doit vous faire élire.

ELMIRE
Allez faire éclater l'audace de l'ingrat.
Ce procédé détruit la vertu du contrat ;
Et sa déloyauté va paraître trop noire,
Pour souffrir qu'il en ait le succès qu'on veut croire.

Scène VI

Valère, Orgon, Cléante, Elmire, Mariane, etc.

VALÈRE
Avec regret, Monsieur, je viens vous affliger ;

Mais je m'y vois contraint par le pressant danger.
Un ami, qui m'est joint d'une amitié fort tendre,
Et qui sait l'intérêt qu'en vous j'ai lieu de prendre,
A violé pour moi, par un pas délicat,
Le secret que l'on doit aux affaires d'État,
Et me vient d'envoyer un avis dont la suite
Vous réduit au parti d'une soudaine fuite.
Le fourbe qui longtemps a pu vous imposer
Depuis une heure au Prince a su vous accuser,
Et remettre en ses mains, dans les traits qu'il vous jette,
D'un criminel d'État l'importante cassette
Dont, au mépris, dit-il, du devoir d'un sujet,
Vous avez conservé le coupable secret.
J'ignore le détail du crime qu'on vous donne,
Mais un ordre est donné contre votre personne;
Et lui-même est chargé, pour mieux l'exécuter,
D'accompagner celui qui vous doit arrêter.

CLÉANTE

Voilà ses droits armés, et c'est par où le traître
De vos biens qu'il prétend cherche à se rendre maître.

ORGON

L'homme est, je vous l'avoue, un méchant animal!

VALÈRE

Le moindre amusement vous peut être fatal.
J'ai, pour vous emmener, mon carrosse à la porte,
Avec mille louis qu'ici je vous apporte.
Ne perdons point de temps; le trait est foudroyant,
Et ce sont de ces coups que l'on pare en fuyant.
À vous mettre en lieu sûr je m'offre pour conduite,
Et veux accompagner jusqu'au bout votre fuite.

ORGON

Las! que ne dois-je point à vos soins obligeants?
Pour vous en rendre grâce il faut un autre temps;
Et je demande au Ciel de m'être assez propice,
Pour reconnaître un jour ce généreux service.
Adieu, prenez le soin, vous autres...

CLÉANTE

Allez tôt;
Nous songerons, mon frère, à faire ce qu'il faut.

Scène dernière

L'EXEMPT, TARTUFFE, VALÈRE, ORGON, ELMIRE, MARIANE, etc.

TARTUFFE

Tout beau, Monsieur, tout beau, ne courez point si vite,
Vous n'irez pas fort loin pour trouver votre gîte,
Et de la part du Prince on vous fait prisonnier.

ORGON

Traître, tu me gardais ce trait pour le dernier.
C'est le coup, scélérat, par où tu m'expédies,
Et voilà couronner toutes tes perfidies.

TARTUFFE

Vos injures n'ont rien à me pouvoir aigrir,
Et je suis pour le Ciel appris à tout souffrir.

CLÉANTE

La modération est grande, je l'avoue.

DAMIS

Comme du Ciel l'infâme impudemment se joue !

TARTUFFE

Tous vos emportements ne sauraient m'émouvoir,
Et je ne songe à rien qu'à faire mon devoir.

MARIANE

Vous avez de ceci grande gloire à prétendre,
Et cet emploi pour vous est fort honnête à prendre.

TARTUFFE

Un emploi ne saurait être que glorieux,
Quand il part du pouvoir qui m'envoie en ces lieux.

ORGON

Mais t'es-tu souvenu que ma main charitable,
Ingrat, t'a retiré d'un état misérable ?

TARTUFFE

Oui, je sais quels secours j'en ai pu recevoir ;
Mais l'intérêt du prince est mon premier devoir :
De ce devoir sacré la juste violence
Étouffe dans mon cœur toute reconnaissance,
Et je sacrifierais à de si puissants nœuds
Ami, femme, parents, et moi-même avec eux.

ELMIRE

L'imposteur !

DORINE

Comme il sait, de traîtresse manière,
Se faire un beau manteau de tout ce qu'on révère !

CLÉANTE

Mais s'il est si parfait que vous le déclarez,
Ce zèle qui vous pousse et dont vous vous parez,
D'où vient que pour paraître il s'avise d'attendre
Qu'à poursuivre sa femme il ait su vous surprendre ?
Et que vous ne songez à l'aller dénoncer
Que lorsque son honneur l'oblige à vous chasser ?
Je ne vous parle point, pour devoir en distraire,
Du don de tout son bien qu'il venait de vous faire ;
Mais le voulant traiter en coupable aujourd'hui,
Pourquoi consentiez-vous à rien prendre de lui ?

TARTUFFE,
à l'Exempt.

Délivrez-moi, Monsieur, de la criaillerie,
Et daignez accomplir votre ordre, je vous prie.

L'EXEMPT

Oui, c'est trop demeurer sans doute à l'accomplir.
Votre bouche à propos m'invite à le remplir ;
Et pour l'exécuter, suivez-moi tout à l'heure
Dans la prison qu'on doit vous donner pour demeure.

TARTUFFE

Qui ? moi, Monsieur ?

L'EXEMPT

Oui, vous.

TARTUFFE

Pourquoi donc la prison ?

L'EXEMPT

Ce n'est pas vous à qui j'en veux rendre raison.
Remettez-vous, Monsieur, d'une alarme si chaude.
Nous vivons sous un prince ennemi de la fraude,
Un prince dont les yeux se font jour dans les cœurs,
Et que ne peut tromper tout l'art des imposteurs.
D'un fin discernement sa grande âme pourvue
Sur les choses toujours jette une droite vue ;
Chez elle jamais rien ne surprend trop d'accès,
Et sa ferme raison ne tombe en nul excès.
Il donne aux gens de bien une gloire immortelle ;
Mais sans aveuglement il fait briller ce zèle,
Et l'amour pour les vrais ne ferme point son cœur
À tout ce que les faux doivent donner d'horreur.
Celui-ci n'était pas pour le pouvoir surprendre,
Et de pièges plus fins on le voit se défendre.
D'abord il a percé, par ses vives clartés,
Des replis de son cœur toutes les lâchetés.
Venant vous accuser, il s'est trahi lui-même,
Et par un juste trait de l'équité suprême
S'est découvert au prince un fourbe renommé,
Dont sous un autre nom il était informé ;
Et c'est un long détail d'actions toutes noires,
Dont on pourrait former des volumes d'histoires.
Ce monarque, en un mot, a vers vous détesté
Sa lâche ingratitude et sa déloyauté ;
À ses autres horreurs il a joint cette suite,
Et ne m'a jusqu'ici soumis à sa conduite
Que pour voir l'impudence aller jusques au bout,
Et vous faire par lui faire raison de tout.

Oui, de tous vos papiers, dont il se dit le maître,
Il veut qu'entre vos mains je dépouille le traître.
D'un souverain pouvoir, il brise les liens
Du contrat qui lui fait un don de tous vos biens,
Et vous pardonne enfin cette offense secrète
Où vous a d'un ami fait tomber la retraite;
Et c'est le prix qu'il donne au zèle qu'autrefois
On vous vit témoigner en appuyant ses droits,
Pour montrer que son cœur sait, quand moins on y pense,
D'une bonne action verser la récompense,
Que jamais le mérite avec lui ne perd rien,
Et que mieux que du mal il se souvient du bien.

DORINE

Que le Ciel soit loué!

MADAME PERNELLE

Maintenant je respire.

ELMIRE

Favorable succès!

MARIANE

Qui l'aurait osé dire?

ORGON,

à Tartuffe.

Hé bien! te voilà, traître...

CLÉANTE

Ah! mon frère, arrêtez,
Et ne descendez point à des indignités.
À son mauvais destin laissez un misérable,
Et ne vous joignez point au remords qui l'accable:
Souhaitez bien plutôt que son cœur en ce jour
Au sein de la vertu fasse un heureux retour,
Qu'il corrige sa vie en détestant son vice
Et puisse du grand prince adoucir la justice,
Tandis qu'à sa bonté vous irez à genoux
Rendre ce que demande un traitement si doux.

ORGON

Oui, c’est bien dit ; allons à ses pieds avec joie
Nous louer des bontés que son cœur nous déploie.
Puis, acquittés un peu de ce premier devoir,
Aux justes soins d’un autre il nous faudra pourvoir,
Et par un doux hymen couronner en Valère
La flamme d’un amant généreux et sincère.

Supplément pour étude

Les fiches élève proposées ont été conçues par des professeurs afin de servir d'exercices dans le cadre d'une étude approfondie de cette œuvre.

■ Fiche élève 1 : l'auteur et sa pièce

Fiche bio-bibliographique sur Molière / Pistes de recherche

1. Qui est Molière ? Nom / prénom / dates de naissance et de décès, éléments biographiques intéressants / œuvres principales.
2. Quel est le mouvement littéraire auquel on l'associe ? Nom / principales caractéristiques de ce mouvement, etc.
3. L'œuvre. Date de publication / accueil de la pièce, difficultés rencontrées.
4. Le titre. Pourquoi ce choix ? Quelle est la signification du mot « tartuffe » de nos jours ?

Le vocabulaire du théâtre

1. Comment nomme-t-on les différentes parties d'une pièce de théâtre ?
2. Comment nomme-t-on la première scène ? La dernière scène ?
3. Quel nom donne-t-on au procédé qui permet au comédien de s'adresser au public sans que les autres personnages l'entendent ?
4. Quelles sont les caractéristiques d'une comédie ? D'une comédie classique ?
5. D'où vient l'expression *« deus ex machina »* ?
6. Comment nomme-t-on les indications scéniques de l'auteur (ou du dramaturge) ?
7. Quelle est la différence entre un monologue et une tirade ?
8. Qu'est-ce qu'un quiproquo ?
9. Comment nomme-t-on un échange entre deux personnages ? Quel nom prend cet échange quand les répliques sont très courtes ?
10. Qu'entend-on par « double énonciation » ?

■ Fiche élève 2 : la fonction d'une scène d'exposition

1. Où se passe la scène ?
2. Quel est le sujet des conversations ? Quel(s) problème(s) soulèvent les personnages ?
3. Qui sont les personnages présents sur scène ? Quels liens entretiennent-ils entre eux ? Par quel procédé ces liens apparaissent-ils ?
4. Comment Tartuffe est-il perçu par les différents personnages présents sur scène ? Justifiez vos réponses par un relevé précis de qualificatifs.
5. En quoi cette scène est-elle une scène d'exposition ?

■ Fiche élève 3 : scène 6, acte III (p. 61 à 65)

1. Quelle est la réaction de Tartuffe face aux graves accusations qu'avance Damis ? Citez le texte.
2. Comment parvient-il à retourner la situation à son avantage ?
3. Comment réagit Orgon et que pense-t-il de cette affaire ? Citez le texte. Que montre cette attitude ?
4. Relevez, dans les répliques d'Orgon, les éléments qui caractérisent Tartuffe.
5. Relevez tous les mots et groupes de mots employés par Orgon pour désigner son fils et expliquez-les (utilisation du dictionnaire).
6. Quelles sont les deux décisions que prend Orgon sous l'effet de la colère ?

■ Fiche élève 4 : l'analyse de la couverture de la BD *Tartuffe*

1. Quel est le nom des auteurs ? Quel est le titre de la BD ? Quel est le nom de l'éditeur ? Quel est le nom de la collection ?
2. À votre avis, qui sont les trois personnages présents sur cette couverture ?
3. Analysez la posture, l'attitude, l'allure de chacun de ces personnages.

Prolongement : la couverture de l'édition Librio

1. Qui est l'auteur de cette image ?
2. Quand a-t-elle été réalisée ?
3. Quelle est la technique utilisée ?
4. Qui sont les trois personnages ?
5. À quel moment de la pièce cette image fait-elle référence ?

■ Fiche élève 5 : les différents types de comique

1. Recherchez dans l'acte I (scènes 1 et 2) des passages précis mettant en scène les différentes formes de comique.
Vous vous appuierez sur le tableau suivant :

TARTUFFE, MOLIÈRE, ACTE I	COMIQUE DE GESTES	COMIQUE DE MOTS	COMIQUE DE SITUATION	COMIQUE DE CARACTÈRE
Scène 1				
Scène 2				

Rappels :
– Le comique de gestes concerne les mouvements inattendus, les mimiques, les grimaces, les chutes, les coups de bâton, les déguisements saugrenus...
– Le comique de mots joue sur les répétitions, les accents, les jeux de mots...
– Le comique de situation, lié à l'intrigue, fonctionne sur le malentendu.
– Le comique de caractère exagère les défauts humains (ex. : *L'Avare*, de Molière, Librio n° 339).

■ Fiche élève 6 : les liens entre le texte et la mise en scène

Cette fiche permet d'étudier une scène en détail et d'analyser les liens entre texte et mise en scène.

Le Tartuffe, de Molière (acte / scène) Mise en scène de / Lieu :		Année :
Éléments à analyser	Description (que voit-on sur scène ?)	Analyses, interprétations (à votre avis, pourquoi ces choix ?)
Le décor (minimaliste, d'époque...)		
Les lumières (couleurs, intensité, variations...)		
Les sons (bruitages, musique...)		
Les accessoires, les costumes, les maquillages (classiques, anachroniques...)		
Le jeu des comédiens (gestuelle, diction, charisme...)		
Les différences avec le texte (ajouts, retraits...)		

■ Fiche élève 7 : acte III, scène 3 (p. 54)

1. Dans les répliques de Tartuffe, relevez le champ lexical de l'amour, puis celui de la religion (pour toute la scène, cinq exemples pour chaque champ lexical).
2. Pourquoi ces deux champs lexicaux sont-ils mêlés ?
3. Dans quelle réplique Tartuffe montre-t-il son vrai visage ? À partir de quel vers avoue-t-il clairement sa flamme à Elmire ?
4. « Pour être dévot, je n'en suis pas moins homme. » (p. 58). Expliquez cette réplique de Tartuffe.
5. D'après la dernière réplique, quelle est la réaction d'Elmire à la suite de cet aveu ?

■ Fiche élève 8 : acte V, scène 7 (p. 100)

1. Grâce à quel stratagème Tartuffe est-il sur le point d'envoyer Orgon en prison ?
2. Quel personnage vient contrecarrer ce projet? Qui est représenté par ce personnage? Comment appelle-t-on la longue réplique dans laquelle ce personnage renverse la situation ?
3. Résumez, avec vos propres mots, les propos de ce personnage dans cette longue réplique.
4. Pourquoi peut-on dire que Molière agit en courtisan à travers ce « *deus ex machina* » ? (Voir Fiche 1.)
5. Selon les règles du théâtre classique, le dénouement d'une pièce doit :
- regrouper tous les personnages sur scène ;
- résoudre l'intrigue par des éléments déjà connus du public ;
- comporter un mariage ;
- satisfaire les valeurs morales.

Dans un paragraphe argumenté (appuyez-vous sur le texte), vous évoquerez chacune de ces règles et direz si elles sont respectées dans le dénouement du *Tartuffe*.

Achevé d'imprimer en Italie par Grafica Veneta
en mai 2014
Dépôt légal mai 2014
EAN 9782290054147
OTP L21ELLN000433N001
—
Ce texte est composé en Lemonde journal et en Akkurat
—
Conception des principes de mise en page :
mecano, Laurent Batard
—
Composition : PCA
—
ÉDITIONS J'AI LU
87, quai Panhard-et-Levassor, 75013 Paris
Diffusion France et étranger : Flammarion

Librio
476